História do Serviço Social na América Latina

EDITORA AFILIADA

Dados Internacionais de Catalogação na Publicação (CIP)
(Câmara Brasileira do Livro, SP, Brasil)

Manrique Castro, Manuel
  História do Serviço Social na América Latina / Manuel Manrique Castro; tradução de José Paulo Netto e Balkys Villalobos. – 12. ed. – São Paulo : Cortez, 2011.

  Bibliografia
  ISBN 978-85-249-0001-3

  1. Serviço social – América Latina – História. I. Título.

84-1101   CDD-361.98

Índices para catálogo sistemático:

1. América Latina: Serviço Social: História   361.98

Manuel Manrique Castro

História do Serviço Social na América Latina

12ª edição
6ª reimpressão

Tradução de
José Paulo Netto
Balkys Villalobos

Título original:
De Apostoles a Agentes de Cambio — *El trabajo Social en la Historia Latinoamericana.*
Ediciones CELATS — Lima, Peru, 1982.

Capa: DAC
Revisão: Maria de Lourdes de Almeida, Agnaldo Alves
Coordenação editorial: Danilo A. Q. Morales

Texto revisto a partir da 5ª edição.

Nenhuma parte desta obra pode ser reproduzida ou duplicada sem autorização expressa do autor e do editor.

© by Autor

Direitos para esta edição
CORTEZ EDITORA — CELATS
Rua Monte Alegre, 1074 — Perdizes
05014-001 — São Paulo - SP
Tel.: (11) 3864-0111   Fax: (11) 3864-4290
e-mail: cortez@cortezeditora.com.br
www.cortezeditora.com.br

Impresso no Brasil — abril de 2021

Manuel Manrique Castro

História do Serviço Social na América Latina

12ª edição
6ª reimpressão

Tradução de
José Paulo Netto
Balkys Villalobos

Título original:
De Apostoles a Agentes de Cambio — *El trabajo Social en la Historia Latinoamericana.*
Ediciones CELATS — Lima, Peru, 1982.

Capa: DAC
Revisão: Maria de Lourdes de Almeida, Agnaldo Alves
Coordenação editorial: Danilo A. Q. Morales

Texto revisto a partir da 5ª edição.

Nenhuma parte desta obra pode ser reproduzida ou duplicada sem autorização expressa do autor e do editor.

© by Autor

Direitos para esta edição
CORTEZ EDITORA — CELATS
Rua Monte Alegre, 1074 — Perdizes
05014-001 — São Paulo - SP
Tel.: (11) 3864-0111 Fax: (11) 3864-4290
e-mail: cortez@cortezeditora.com.br
www.cortezeditora.com.br

Impresso no Brasil — abril de 2021

Sumário

Apresentação à quinta edição 7
Comentando 13
Advertência dos tradutores 15
Prólogo à edição brasileira 17
Apresentação da edição peruana 21
Introdução 23

CAPÍTULO I
Emergência do Serviço Social: condições históricas e estímulos 27
1. Dinâmica de classes e profissionalização do Serviço Social 35
2. Periodização e história profissional 40

CAPÍTULO II
Igreja, relações de produção capitalistas e o período de gênese da profissão 44
1. A ação social da Igreja e as encíclicas papais 51
   1.1. A questão social e a "Rerum Novarum" 52
   1.2. A "Quadragesimo Anno" e o novo apelo aos cristãos 61

CAPÍTULO III
A Igreja católica e a formação das primeiras escolas de Serviço Social na América Latina 68
1. Formação profissional e Igreja no Chile:
   o caso das primeiras escolas 68
   1.1. A primeira escola católica chilena de Serviço Social 72

1.2. A formação da visitadora social na Escola Elvira Matte de Cruchaga 79
1.3. A influência internacional da Escola de Serviço Social
    Elvira Matte de Cruchaga 93
2. A fundação das escolas pioneiras de Serviço Social no Brasil 100
  2.1. A influência católica e a Escola Paulista de Serviço Social 104
  2.2. Surgimento das escolas de Serviço Social no Rio de Janeiro 107
3. Surgimento da Escola de Serviço Social no Peru 110
  3.1. Estado, classes e a formação da Escola de Serviço Social do Peru 117

CAPÍTULO IV
Pan-americanismo "monroísta", desenvolvimentismo e Serviço Social 131
1. O pan-americanismo posterior à guerra e a OEA 133
2. O desenvolvimento de comunidade como proposta:
   antecedentes na Inglaterra e nos Estados Unidos 136
3. A concepção funcionalista do desenvolvimento de comunidade 140
4. Doutrina e ideologia do desenvolvimento de comunidade 147
5. Desenvolvimentismo e expansão profissional 150
6. A difusão e o intercâmbio internacionais no Serviço Social 157
7. A projeção do neo-pan-americanismo e a reorientação do Serviço Social ... 159
  7.1. Os seminários regionais da OEA 159
  7.2. Os Congressos Pan-Americanos de Serviço Social 162
8. O assistente social: um agente de transformação? O questionamento
   da proposta desenvolvimentista 169

Bibliografia 171

APRESENTAÇÃO À QUINTA EDIÇÃO

O livro de Manuel Manrique Castro, *História do Serviço Social na América Latina*, ora em sua quinta edição no país, após 16 anos do lançamento em língua portuguesa, é hoje um marco fundamental no processo de reconstrução da história do Serviço Social no continente e uma referência obrigatória no ensino e na literatura sobre a história da profissão no Brasil.

Editado originalmente em espanhol, em 1982, sob o provocativo título *De Apostoles a Agentes de Cambio — El Trabajo Social en la Historia Latinoamericana*, sua significação histórica é inconteste. É também parte do protagonismo desempenhado pelo Centro Latinoamericano de Trabajo Social — CELATS —, nas décadas de 70-80, no processo de renovação do Serviço Social latino-americano, quando a pós-graduação no continente vivia a sua infância e a tradição de pesquisa não havia ainda se consolidado nessa área acadêmica.

A análise elaborada por Manrique resulta de um amplo e fecundo projeto de pesquisa sobre a história do Serviço Social na América Latina, levado a efeito pelo CELATS, sob a coordenação do autor,[1] o qual redundou em uma trilogia. Esta compreende, além deste, os livros de Alexandrino Maguiña, *Desarrollo Capitalista y Trabajo Social: Peru, 1896-1979*, e o de Marilda V. Iamamoto e Raul Carvalho, *Relações Sociais e Serviço Social no Brasil*.[2] Nesse quadro, a produção de Manrique distingue-se pela abrangência latino-americana da análise sobre a gênese e formação do Serviço Social no continente, elaborada a partir de uma pesquisa comparada envolvendo Chile, Peru e Brasil.

A *atualidade e oportunidade da reedição desse trabalho* decorre do *pioneirismo* de sua análise, que o tornou um *clássico* na literatura sobre a história

---

1. Ver: MANRIQUE, M. C. e IAMAMOTO, M. V "Hacia el Estudio de la Historia del Trabajo Social en América Latina". In: *Acción Crítica n° 5*. Lima, Celats, abril, 1979, p.53-73.
2. MAGUIÑA, A. *Desarrollo Capitalista y Trabajo Social: Peru, 1896-1979*. Lima, Celats, 1979; IAMAMOTO, M. V. e CARVALHO, R. *Relações Sociais e Serviço Social no Brasil*. São Paulo, Cortez/Celats, 1982.

do Serviço Social latino-americano. Esse caráter pioneiro expressa-se na *perspectiva teórico-metodológica adotada no tratamento da história e dos materiais coletados*, em fontes e arquivos ainda não explorados nas rarefeitas elaborações sobre o tema até então vigentes.

Metodologicamente representa uma ruptura com as matrizes de interpretação instituídas e predominantes à época: as abordagens descritivas, formalistas e classificatórias, que reduziam a história da profissão a seqüências cronológicas de fatos ou idéias, descolados da dinâmica dos processos sociais macroscópicos, esvaziados das lutas e contradições de classes que os movem.

Manrique insurge-se contra as interpretações da história do Serviço Social que a reduzem a "simples prolongamentos dos desdobramentos que a profissão alcançara na Europa", para salientar a história social e política operante nos países, atribuindo particularidades ao processo social latino-americano e ao Serviço Social nele inscrito.

É preocupação transversal ao texto apresentado apreender a função que o Serviço Social desempenha no interior das relações entre as classes sociais no processo de acumulação capitalista, em torno do qual se articulam as funções do Estado e as lutas sociais. Assume que as formas de ação social não emergem ou sucumbem segundo a mera vontade dos seus agentes. Ao contrário, são objetivações da situação social prevalecente, expressando características da sociedade onde se expressam, as quais impõem limites e possibilidades à consecução dos projetos e ações dos sujeitos. Sua análise abrange também o *ideário* que informa (e encobre) a integração da profissão no bloco do poder, no papel de coadjuvante intelectual da luta pela hegemonia travada historicamente.

A atualidade deste livro é atestada ainda na análise efetuada quanto aos *fundamentos da profissão*. Para o autor, decifrar a profissão supõe elucidar os processos sociais que geram a sua necessidade social, o significado de suas ações no campo das relações de poder econômico e político — das relações entre as classes e destas com o Estado —, assim como seu envolvi-mento na esfera cultural, no campo das idéias. Idéias que, impulsionadas pelos agentes profissionais, freqüentemente contribuíram para mascarar, ante os próprios sujeitos, a complexidade das implicações político-ideológicas envolvidas em suas ações. Entre as intenções que movem os(as) assistentes sociais e os resultados do seu trabalho, existe um complexo de forças sociais que impossibilitam garantir *a priori* uma identidade entre objetivos e resultados efetivamente obtidos.

Assim sendo, situar o Serviço Social *na* história é distinto de uma história *do* Serviço Social circunscrita ao mundo da profissão, que tende a erigir o discurso dos profissionais e/ou o discurso oficial como achados conclusivos da pesquisa. A presente obra não se deixa seduzir por tais artimanhas. Apresenta uma análise dos dados coligidos que rompe com ingênua leitura centrada nos propósitos e interpretações do indivíduo isolado e/ou dos discursos oficiais, ainda que incorpore os projetos, ações e ideais dos sujeitos — individuais e coletivos. Mas incorpora-os enquanto material a ser submetido ao crivo da crítica teórica, situando-os em uma perspectiva de totalidade histórica. É essa perspectiva que permite relativizar as verdades de primeira hora, redimensionando o seu significado no jogo das forças sociais.

Este livro atribui especial atenção a dois feixes de idéias que, em conjunturas determinadas, se tornaram constitutivas da própria configuração da profissão na sociedade latino-americana: a doutrina social católica e a ideologia desenvolvimentista.

Manrique desvenda as formas de explicar e agir ante a questão social veiculadas pela Igreja Católica e sua doutrina social no período de constituição do Serviço Social, a partir das encíclicas papais *Rerum Novarum*, de Leão XIII, e *Quadragesimo Anno*, de Pio XI. Salienta a importância da Igreja e de sua doutrina na gênese e formação do Serviço Social na América Latina, em estreitos vínculos com o poder instituído, fornecendo a esta profissão emergente "uma base orgânica continental".

Assimilando as particularidades econômicas e sócio-políticas nacionais na profissionalização do Serviço Social, o texto revisita a origem dos primeiros centros de formação no Chile, Peru e Brasil.

Outro destaque recai sobre o *pan-americanismo, com especial ênfase no desenvolvimentismo do pós-Segunda Guerra*, indissociável da hegemonia norte-americana no continente e do suporte de organismos internacionais. É dentro dessa estratégia que tem lugar a análise do "Desenvolvimento de Comunidade", focalizando seus antecedentes históricos na Inglaterra e nos Estados Unidos, a concepção de raiz funcionalista que o sustenta e suas implicações ideológicas.

Ao incorporar a perspectiva da Reforma Social voltada à "humanização do capitalismo", o Serviço Social passa a partilhar da "fascinante ilusão do desenvolvimento", nos termos de Manrique. Ao assumir o papel de catalisador desse processo — ou de *agente de transformação* —, coube ao(a) assistente social impulsionar a participação popular, propugnando associar os esforços da população aos dos governos para melhoria das condições econômicas, sociais e culturais das comunidades na luta contra o subdesenvolvimento, tendo em vista sua integração na vida do país. O "Desenvolvimento de Comunidade" representou um eficiente mecanismo de sujeição das organizações populares à tutela oficial e, ao mesmo tempo, um impulso à expansão do Serviço Social.

Contradições derivadas da estratégia desenvolvimentista impulsionam a afirmação dos movimentos e protestos populares na cena política, a redescoberta da América Latina pelas Ciências Sociais, as lutas pela democratização da Universidade. O autor indica que tais processos são acompanhados por vozes dissonantes na arena do Serviço Social, contribuindo para forjar uma ampla revisão profissional nos marcos do Movimento de Reconceituação do Serviço Social latino-americano. Este, em sua diversidade, enraizado na realidade dos vários países, descortina novos horizontes — e novos dilemas — para o profissão no âmbito das lutas democráticas na América Latina.

Reler o livro de Manrique não significa apenas uma revisão do passado, mas instiga indagações sobre o presente. Em tempos de globalização, sob a hegemonia do capital financeiro e do neoliberalismo na condução das políticas governamentais, renascem, sob novos moldes, velhos recursos ideológicos que tiveram vigência no passado desenvolvimentista no trato da questão social.

Ora, os anos dourados da expansão capitalista — do pós-guerra aos inícios da década de 70 — foram presidios pelo crescimento econômico sob a liderança do capital industrial. Verificou-se a expansão do emprego assalariado e o reconhecimento dos direitos de proteção ao trabalho, no marco de políticas redistributivas levadas a efeito pelo Estado, consoante as estratégias de acumulação do capital então predominantes. Sob tais condições, a questão social foi enfrentada no âmbito de um projeto de desenvolvimento com amplo suporte do Estado, que se beneficiava dos excedentes produzidos.

A crise do capital, desencadeada nos anos 70, aprofunda sua concentração e centralização sob a liderança do capital financeiro, mediante os estímulos da revolução tecnológica apoiada na microeletrônica, na robótica e nos avanços da química e da biologia, entre outros ramos científicos. O fosso das desigualdades sociais, tidas como uma inevitabilidade histórica, é radicalizado. A recessão econômica, a desregulamentação da economia e uma ampla regressão das conquistas sociais e políticas resultam no crescimento do subemprego e no desemprego maciço como fenômeno mundial, incidindo no poder de mobilização das classes e segmentos subalternos. Acompanham alterações qualitativas nas relações entre o Estado e a sociedade e na distribuição dos fundos públicos. Estes são canalizados para os interesses econômicos privados e reduzidos no atendimento às necessidades sociais da coletividade. As políticas de combate à pobreza tornam-se focalizadas, em detrimento de sua universalidade, voltadas para os segmentos mais pauperizados da população, enquanto os serviços sociais passíveis de serem lucrativos são privatizados, ampliando a mercantilização na esfera da satisfação das necessidades sociais. Assim, direitos sociais de cidadania tendem a ser erodidos em favor dos "direitos do consumidor".

É nessa moldura histórica que têm lugar os chamamentos à participação da "sociedade civil" — reduzida a um oficial e consagrado "terceiro setor" — para partilhar com o governo as responsabilidades e desafios perante a radicalização da questão social. Se o mote não é mais o "desenvolvimento" ou o "progresso social", e sim a evocação da *solidariedade*, os mecanismos ideológicos do processo apresentam semelhanças. Contribuem para encobrir as tensões entre as classes, agora travestidas em segmentos parceiros e solidários no combate à pobreza e às desigualdades. Todos os membros da sociedade são chamados a dedicar tempo, esforços, recursos e trabalho voluntário em prol do "bem comum". Mais uma vez a sociedade capitalista apresenta-se vestida em trajes de gala para mostrar-se como numa sociedade cujas relações sociais são regidas pelo princípio da solidariedade e da harmonia, tal como preconizava *Durkheim* em suas análises sobre a divisão do trabalho na sociedade moderna. Para ele, as "disfunções sociais" e/ou "anomias" são passageiras, passíveis de correção pela ação moralizadora da norma, uma vez que só ela é capaz de fundar e manter elos de coesão social.[3]

Assim, o que Manrique cunhou de "ilusão do desenvolvimento" dos anos gloriosos do capitalismo pode atualizar-se, hoje, *sob distintas determinações sócio-históricas*: as ilusões adotam novas formas, preservando conteúdos ideológicos já anunciados, apesar das transformações históricas operadas. Reedita-se, de um lado, o foco da *comunidade* como ótica conservadora de leitura de uma sociedade globalizada em um contexto de financeirização da economia, sob o signo dos oligopólios; de outro lado, o antigo desenvolvimento de comunidade adquire novas tinturas, metamorfoseado em trabalho comunitário solidário. Tais artimanhas são insumos preciosos para alimentar as tendências neoconservadoras que marcam presença no debate profissional.

Outra contribuição importante para iluminar a releitura da profissão no presente, salientada pelo autor, diz respeito *às relações entre Serviço Social e a Igreja Católica*, que emolduraram a sua formação histórica. Ao largo de seu desenvolvimento, no percurso de oito décadas, o Serviço Social latino-americano emancipou-se da influência institucional direta da Igreja e secularizou-se. A formação especializada ingressou no mundo universitário, submetendo-se aos cânones do trabalho acadêmico na graduação e pós-graduação. Os fundamentos teórico-metodológicos e ético-filosóficos do exercício profissional foram revistos. Instaurou-se um fecundo processo de renovação crítica da profissão, com recursos heurísticos hauridos na tradição marxista, cujas origens remontam ao movimento de reconceituação na América Latina e alcançam sua maturidade nas duas últimas décadas no país. Nesse processo constata-se um silêncio, na pauta de investigações da área, em torno de temas voltados para identificar a existência ou não de influência religiosa — das várias Igrejas e seitas religiosas — no Serviço Social na contemporaneidade.

Embora a dimensão religiosa tenha sido remetida para a vida privada dos sujeitos, não significa necessariamente a ausência de sua interferência nas condições que circunscrevem o exercício profissional, envolvendo sejam as entidades filantrópicas religiosas empregadoras, sejam os usuários e/ou os(as) assistentes sociais. Em um ambiente cultural onde os irracionalismos de vários naipes são cultuados — no contraponto à razão crítica —, investigar e polemizar o tema pode ser uma provocação ao enriquecimento da análise crítica do perfil dos agentes profissionais na atualidade.

História do Serviço Social na América Latina constitui uma leitura indispensável a todos aqueles — profissionais, professores e estudantes de Serviço Social e áreas conexas — que reconhecem a importância da pesquisa histórica para

---

3. Cf. DURKHEIM, E. "Prefácio à Segunda Edição". In: *A Divisão do Trabalho Social*. Vol. I. Lisboa, Ed. Presença/Livraria Martins Fontes, p. 7-42.

o desvendamento dos processos sociais e, em particular, da profissão na sociedade presente e sua recriação no jogo das forças sociais.

Este livro é parte de um movimento crítico latino-americano que vem impulsionando a construção de um novo projeto ético-político do Serviço Social, comprometido com o aprofundamento da democratização da sociedade presente: da economia, da política e da cultura, no horizonte da emancipação humana. Como dizia o poeta, "*O homem é um ser futuro. Um dia seremos visíveis*" (Murilo Mendes).

Finalmente, importa dizer, estou apresentando o trabalho de um amigo de mais de duas décadas: daquelas convivências que se mantêm vivas e presentes, mais além do tempo e da distância, no percurso de caminhos distintos, construídos nas manhas da vida. Amizade que vai edificando pontes sobre estradas e oceanos, permitindo cultivar a alegria do convívio. Manuel Manrique foi companheiro de uma rica experiência de pesquisa sobre a história do Serviço Social na América Latina, junto com Raul de Carvalho e Alejandrino Maguiña, amigos também descobertos no convívio desse trabalho no CELATS, nos finais dos anos 70, sob a competente direção de Leila Lima. Em vista de tudo isto, foi com enorme prazer que recebi o convite de partilhar com o autor essa quinta edição de seu livro no Brasil.

Rio de Janeiro, em janeiro de 2000.

Marilda Villela Iamamoto

COMENTANDO...

Este livro de Manuel Manrique Castro, produto autônomo no bojo da pesquisa da história do Serviço Social na América Latina que o CELATS patrocinou recentemente, merece um destaque especial entre todos os títulos similares.

A relevância do texto (cujos quatro capítulos têm uma configuração nitidamente ensaística) não reside apenas no seu objeto, mas na modalidade do tratamento a que ele é submetido. Manrique, operando no horizonte da continentalização do Serviço Social, soube ultrapassar o equívoco do relato imanente (a crônica profissional em si mesma) e a generalidade da impostação historiográfica ou sociológica (a profissão como derivada da contextualidade). Todo o seu esforço incidiu na conjugação de um vetor explicativo com outro compreensivo, como recomendava o injustamente esquecido Goldmann, buscando uma aproximação onde a presença das mediações não alude ao desenho da totalidade.

Resulta deste jogo heurístico a superação de não poucas contrafações que freqüentam inclusive páginas renovadoras — Manrique põe na conveniente lixeira coisas tais como "o Serviço Social como reflexo" e quejandos. A desmistificação que realiza, entretanto, não é retórica: funda-se em análise percuciente e cimentada num recurso adequado às melhores fontes. Conseqüência: Manrique encontra o ponto arquimédico a partir do qual a relação entre história e profissão pode ser dialetizada, sem que nenhum dos parceiros da conexão seja vítima de armadilhas preconcebidas.

Os protagonistas da cena — a Igreja católica, os Estados da nossa América miserável, os movimentos das lutas de classes, o imperialismo e suas agências, o Serviço Social e seus profissionais — aparecem com suas determinações peculiares. Suas confluências — um contraditório amálgama que transita do humanitarismo (o apóstolo) à ingenuidade e à picaretagem teórico-política (o agente de transformação) — surgem delineadas e com rostos próprios, no lento e doloroso processo de institucionalização profissional. Nem condenação política, nem juízo moralizante: Manrique franqueia a fronteira do necessário conhecimento histórico.

Nós podemos, até, dessolidarizarmo-nos de algumas das soluções de Manrique. Mas é compulsório o reconhecimento de que ele conseguiu propor, com invulgar justeza, os termos exatos do problema — e este, convenhamos, é um raro elogio a um livro que tematiza o Serviço Social.

José Paulo Netto

ADVERTÊNCIA DOS TRADUTORES

Lamentavelmente, e por razões sobejamente conhecidas, no Brasil as traduções em geral, e particularmente as de textos de Serviço Social, não se destacam pela qualidade. No caso específico do Serviço Social, com os óbices genéricos concorrem outros, mais peculiares, que vão desde a ausência dos assistentes sociais no processo da versão à incúria editorial.

A tarefa que assumimos, de transladar ao vernáculo este significativo ensaio de Manuel Manrique Castro, tem a expressa pretensão de contrapor-se ao padrão vigente. Empenhamo-nos por fornecer ao leitor uma versão produzida com rigor profissional, sem conceder ao facilitismo estilístico. A estrita fidelidade à escritura de Manrique parametrou a empreitada: atribuiu-se o privilégio à correspondência conteudística, embora tudo se tenha feito para não violentar a forma. Forma essencial em Manrique que, para além das qualificações teóricas e intelectuais de que se aperceberá seguramente o leitor, é dono de um estilo límpido e sólido — e que procuramos fazer chegar ao público brasileiro com um mínimo de refrações.

Deve o leitor, porém, ser advertido sobre dois pontos. Primeiro: uniformizamos a nomenclatura que, em Manrique (como em vários analistas do processo da profissão), é dúplice — traduzimos sempre Servicio Social e Trabajo Social por Serviço Social; não ignoramos, obviamente, o matiz de ruptura, diferenciador e polêmico, que a distinção original abriga; entretanto, optamos por não violar a terminologia convencional firmemente encravada no universo de comunicação dos assistentes sociais brasilei-

15

ros.* Segundo: foi-nos absolutamente impossível cotejar as citações com as fontes, o que seria particularmente desejável quando o autor recorre à documentação produzida no Brasil.

Consignadas estas reservas — e salientando que a edição brasileira sai enriquecida com um prólogo especialmente redigido por Carlos Urrutia, peruano como Manrique e, como este, representativo do que há de mais inquieto e criativo na vanguarda intelectual andina —, entendemos que só nos resta encarecer ao leitor o cuidado crítico para, deparando-se com eventuais equívocos que porventura escaparam ao nosso crivo, contribuir para expurgá-los numa ulterior reedição.

---

* Somente no Capítulo I, quando Manrique faz alusão a autores que trabalharam a periodização profissional, mantivemos — por ser ineliminável — a distinção entre Serviço Social e Trabalho Social.

Prólogo à Edição Brasileira

A gênese do Serviço Social na América Latina constituiu uma preocupação permanente dos estudiosos empenhados na compreensão da inserção desta profissão no denso tecido das relações de poder entre os grupos sociais. Precisamente a esta problemática Manuel Manrique Castro dedicou dois anos de trabalho, e este livro, agora vertido ao português, é a resultante da sua pesquisa.

Por muitos anos prevaleceu a tese de que o Serviço Social, na América Latina, era um simples prolongamento do evolver da profissão na Europa. Manuel Manrique Castro distancia-se desta linha interpretativa, salientando o papel que a realidade social e política interna de cada país jogou na conformação peculiar das condições do exercício profissional. Seguindo o processo histórico no Chile, no Brasil e no Peru, o autor identifica o Serviço Social como uma resposta à evolução particular do capitalismo nestes países, a partir do desenvolvimento das forças produtivas e das lutas sociais pelo controle do poder político.

Neste marco explicativo, Manrique reafirma as influências européia e norte-americana, mas inserindo-as, para colimar uma melhor compreensão, no largo processo de dominação estrutural e de subordinação política da América Latina. Assim, propõe um quadro conceitual em que interagem tanto os determinantes sociais contextuais como a natureza particular do Serviço Social, na configuração do perfil ou identidade profissional — configuração que só pode ser entendida em contraposição a determinações uni-

17

laterais que acentuam, de um lado, os aspectos sociais e, doutro, as características profissionais.

Um dos pólos da interação é a vinculação entre a Igreja e o Serviço Social, que imprime o selo do *apostolado* na profissão, desde as protoformas da sua emergência nesta parte do continente. O estudo oferece a compreensão de uma dinâmica nesta relação, caracterizada pelas contínuas adaptações das instituições católicas, continentais e nacionais, aos vaivéns sociais e políticos da região. É a partir deste movimento que se localiza uma vinculação orgânica da Igreja com o Serviço Social, em seus primórdios, e que, no curso destas décadas, se foi diluindo até quase desaparecer totalmente, ainda que deixando um forte vinco ideológico, recolhido nas formas mais "apostólicas" do exercício profissional.

É preciso reconhecer que o caráter do "espaço profissional" é dinâmico, possuindo um movimento que estabelece correlações de forças de acordo com os desenvolvimentos das profissões no interior da formação profissional, entendida esta como uma abstração da formação social. A inserção do Serviço Social no meio concreto em que opera é como a ocupação de um território habitado por outras profissões e ofícios, gerando-se a conseqüente pressão pela delimitação do "espaço" próprio. Já se insistiu suficientemente sobre a inexistência de espaços vazios — aduzamos, apenas, que esta superpopulação dos mesmos só pode se dar sob a forma de presenças conflituais ou complementares, mas nunca neutras.

As instituições diversas, que também se inserem em dinâmicas similares às descritas, constroem espaços de ação estabelecendo relações horizontais com outras instâncias da sociedade e participam, como as profissões, das correlações de forças que nela operam. A Igreja e o Serviço Social se encontraram no interior desta luta por ganhar densidade, junto à legião de fatores que concorriam no resguardo da ordem vigente. Eis o que explica tanto o selo apostólico quanto esta particular concepção assistencial que presidiram originalmente a identidade do Serviço Social. Sob este signo, o devir da profissão acompanharia o ritmo do desenvolvimento da dominação capitalista, vendo-se inevitavelmente confrontado com as conseqüências da guerra que terminou em 1945.

O desenvolvimento de comunidade, como técnica ou campo da intervenção profissional, merece sérias reflexões do autor. O esforço para inserir esta orientação num contexto que lhe atribua sentido permite identificar no período posterior à Segunda Grande Guerra as condições e os interesses que a dinamizaram. Os organismos internacionais da época, impulsionados pelo triunfante Estado norte-americano, jogaram enorme influência na formação e na prática dos assistentes sociais latino-americanos, procurando reorientar a profissão para as novas condições de desenvolvimento capitalista na região. O desenvolvimentismo foi o marco adequado para esta nova corrente, embora, quer no seu discurso, quer na sua prática, não tenha podido incorporar coerentemente as particularidades nacionais, basicamente pela sua pretensão de colocar-se acima das lutas de classes e pela negação do caráter antagônico dos interesses em conflito.

O desenvolvimento comunitário, no entanto, teve um papel fundamental na conversão do *apóstolo* em *agente de transformação*, ou seja, do cruzado da caridade no profissional envolvido pela problemática coletiva do bem-estar social. É a partir desta nova identidade que começa a tomar corpo a reflexão alternativa, que se manifestará posteriormente no processo conhecido como *reconceptualização* — crítica implacável dos fundamentos mesmos da profissão.

A reconceptualização é um capítulo imprescindível na compreensão da história da profissão. Com Manrique, poderíamos falar de sucessivas construções do espaço profissional conforme sucessivos momentos históricos. A crise do desenvolvimentismo e seus grandes projetos para a América Latina (como a Aliança para o Progresso) resulta dos episódios de sublevação popular em diversos países da área durante toda a década de sessenta. Refletindo tudo isto, as ciências sociais tomam uma nova orientação, que justamente questiona as bases do Serviço Social. Esta combinação de uma nova atitude popular e uma nova compreensão científica da vida social causa um grande impacto nas gerações mais jovens de assistentes sociais, que demonstram uma notável vitalidade para colocar em questão a sua própria identidade profissional. A reconceptualização é o produto desta particular etapa da história latino-americana, que transforma a profissão quando tenta dotá-la de um marco científico de base para redefini-la, mesmo que reduzindo o Serviço Social a uma disciplina sem viabilidade profissional concreta.

O impacto sobre a identidade profissional se faz sentir logo nos primeiros passos da reconceptualização. A contradição entre o "apóstolo" e o "agente de transformação" parece evoluir para uma nova contradição, entre o "promotor social empregado" e o "cientista da revolução social desem-

19

pregado". Os anos setenta são ricos na incorporação da crise econômica e do refluxo popular, bem como da crise do metodologismo nas ciências sociais, abrindo uma nova etapa na delimitação do espaço profissional do Serviço Social, ainda hoje em construção.

Manrique recorre ao fio histórico do seu trabalho para colocar um problema central ao Serviço Social, como disciplina e como exercício profissional: a ausência de um objeto de intervenção específico e de uma base própria de conhecimentos científicos e teóricos que sustentem sua prática — assinalando, pois, o eixo da vulnerabilidade da profissão em face das mudanças nas correlações de forças sociais e políticas em nosso continente.

No capítulo referente ao Brasil, Manrique revela uma notavelmente correta assimilação dos problemas do país, resultado do trabalho em equipe realizado com vários colegas assistentes sociais brasileiros, no curso da investigação de que este livro é mais um fruto.

A tradução, sob a responsabilidade de José Paulo Netto, garante uma impecável apresentação a este livro, dadas as suas reconhecidas qualificações intelectuais e seu rigoroso domínio do tema.

Carlos Urrutia Boloña

APRESENTAÇÃO DA EDIÇÃO PERUANA

O texto de Manuel Manrique Castro, que agora divulgamos, é um novo resultante da investigação patrocinada pelo CELATS (Centro Latinoamericano de Trabajo Social) sobre a História do Serviço Social, pesquisa de que também participaram Marilda Villela Iamamoto, Raul Carvalho e Alejandrino Maguiña.

O trabalho de Maguiña, publicado sob o título *Desarrollo Capitalista y Trabajo Social: Peru, 1896-1979*, propôs-se "capturar os vínculos existentes entre a história social peruana e o processo de gestação e desenvolvimento da profissão no Peru, privilegiando permanentemente os momentos decisivos, as crises, as mudanças, as inflexões etc.", bem como estabelecer uma reconstrução do processo real, com suas determinações e projeções.

Por sua vez, a obra *Relações Sociais e Serviço Social no Brasil*, coeditada por Cortez Editora — São Paulo/CELATS — Lima, condensa os esforços de Marilda e Raul. Na sua primeira parte, elaborada por Marilda, o objetivo, segundo a própria autora, é explicitar o desenvolvimento da lógica que preside a concepção referente à reprodução das relações sociais, constituindo um empenho sistemático de leitura dos clássicos para recuperar a dimensão totalizante da teoria e do método, vistos como indissolúveis. A segunda parte, da lavra de Raul, fundando-se na concepção teórico-metodológica desenvolvida por Marilda, procura resgatar os traços relevantes da história do Serviço Social no Brasil.

O trabalho de Manuel Manrique Castro, por seu turno, é autônomo — embora vinculado aos anteriores — e conclui a trilogia. À diferença dos outros, busca situar a sua reflexão tendo como moldura o horizonte continental, vale dizer, assinalando o surgimento e o rumo das tendências e influências principais que caracterizaram o desenvolvimento da profissão na América Latina. Daí a ênfase no estudo da Igreja católica e o debate estabelecido com a proposta desenvolvimentista respaldada pelo Estado. Deste modo, e superando os limites de um relato centrado apenas na evolução imanente, este livro nos oferece (sempre a partir da experiência concreta) uma análise do Serviço Social *na história* ou, se se quiser, sob a ótica da própria história social do continente.

Por isto, esta obra não é somente mais uma resultante derivada das nossas investigações. Produto de um processo, é, simultaneamente, um ponto de partida e um convite a uma nova fase de busca e reflexão. E cabe assinalar aqui o duplo mérito de Manuel Manrique Castro: além de responder pela coordenação do grupo de pesquisadores que participou desta etapa da nossa investigação, ele agora aporta aos assistentes sociais a sua contribuição pessoal à necessária e desafiante tarefa de compreender a natureza da nossa profissão enquanto prática histórica e social.

É pertinente expressar a Manuel Manrique Castro o nosso reconhecimento pelo seu apoio às inumeráveis tarefas desenvolvidas no âmbito institucional do CELATS. Extrapolando os limites das suas funções, este pesquisador, incansavelmente, propôs novas idéias e iniciativas, todas dirigidas a ampliar as nossas perspectivas, a ultrapassar impasses e a projetar o trabalho institucional. Por sua solidariedade e comprometimento pessoais, fazemos constar aqui, uma vez mais, nosso agradecimento institucional a Manuel Manrique Castro.

CELATS,
Área de Comunicações

— As obras citadas nesta *Apresentação* estão devidamente arroladas na bibliografia que o leitor encontra ao fim deste volume. *N. do E.*

Introdução

"... Quero exaltar um dos mais excelsos méritos que reconheço na obra das Assistentes Sociais. Seria inútil a atividade que efetuam para desenvolver a sua missão e escassa ou nula a eficácia da sua preparação se elas não fossem mobilizadas por algo que transcende o simplesmente intelectual ou executivo — esse algo que reside no fundo das almas. O segredo do sucesso do Serviço Social radica no espírito cristão que lhe dá forma. Sinceramente, como disse no início, creio que o Serviço Social é uma forma atualizada da caridade cristã, uma realização das obras misericordiosas que conhecemos desde crianças. Elas são a melhor síntese que a Assistência Social pode fazer da sua doutrina para amenizar a dor: obras espirituais e obras materiais. Visitar o enfermo, alimentar ao faminto, vestir ao que não tem roupa, mas também ensinar ao que ignora, consolar ao triste e aconselhar ao desorientado. É no exercício destas tarefas que se fundará o êxito de sua missão."

Com tais palavras, em novembro de 1947, o Presidente da República do Peru, José Luis Bustamante y Rivero, concluía o discurso de abertura do Primeiro Congresso Nacional de Assistência Social. A sua intervenção expressava fielmente o caráter predominante do Serviço Social em um largo período, cujo auge já prenunciava, inevitavelmente, uma nova etapa na história da profissão.

Naqueles anos, era cada vez mais evidente a influência norte-americana e as suas propostas de trabalho com grupos ganhavam crescente audiência. De fato, terminada a Segunda Guerra Mundial, os Estados Unidos implementavam, para consolidar a sua hegemonia sobre o mundo, uma estratégia múltipla, em cujo interior ocupava espaço privilegiado a internacionalização dos seus valores. Com o predomínio norte-americano sobre a sociedade e a economia latino-americanas, sobreveio simultaneamente uma vaga de secularização mais afeta ao Estado; derivada dos eixos do pragmatismo e da concepção anglo-saxônica da filantropia cristã, ela deveria defrontar-se com a tradição caritativa e a fé católicas enraizadas fundamente no Serviço Social e na consciência de sociedades centenariamente colonizadas pela cruz e a espada espanholas.

Na seqüência desta secularização, como sua expressão, vieram em seguida a organização e o desenvolvimento da comunidade. Assim, ao longo de vários anos, a proposta desenvolvimentista para a intervenção profissional foi, progressivamente, calçando seu predomínio, até se situar como o próprio núcleo das coordenadas do Serviço Social. Finalmente, entre os últimos anos da década de sessenta e os primeiros da década de setenta, emergiu um movimento eminentemente contestador, recusando o passado profissional e exigindo — mais que propondo — uma translação no objeto, nos objetivos, nos métodos e nas técnicas do Serviço Social. Um movimento que, em suma, advogava a construção de uma nova identidade profissional.

O trabalho que agora apresentamos pretende, exatamente, refletir sobre as fases e o rumo deste complexo itinerário histórico. As idéias orientadoras desta pesquisa estão explicitadas no texto em que, com Marilda Vilela Iamamoto, definimos um projeto de investigação;[1] ali, salientávamos que apreender o significado real e os efeitos da prática dos assistentes sociais ao longo da história supunha inserir seu estudo no interior de relações sociais historicamente determinadas, ou seja, dentro das quais o Serviço Social desenvolveu sua prática específica, respondendo organicamente às exigências da divisão social e técnica do trabalho.

No *Capítulo I*, formulamos um conjunto de reflexões sobre os enfoques mais utilizados para o estudo da história do Serviço Social, reafirmando nossa proposta metodológica para a caracterização da profissão a partir do ângulo das relações de classe e dos compromissos assumidos pelo Serviço Social ao largo da sua história.

---

1. Cf. "Hacia el Estudio de la Historia del Trabajo Social en América Latina", in: *Acción Crítica*, n. 5, Lima, 1979.

O *Capítulo II* debruça-se sobre a análise do papel da Igreja católica no Serviço Social e, particularmente, nos primeiros anos da sua institucionalização profissional. Enfatizamos, especialmente, duas encíclicas, a *Rerum Novarum*, de Leão XIII, e a *Quadragesimo Anno*, de Pio XI, pelo singular impacto que tiveram nos momentos iniciais da profissão.

No *Capítulo III*, esforçamo-nos, com óbvias limitações, para compreender as determinações sociais e políticas que emolduraram o surgimento das primeiras escolas católicas de Serviço Social no Chile, no Brasil e no Peru.

O *Capítulo IV* volta-se para a investigação da influência desenvolvimentista sobre o Serviço Social, da política expansionista norte-americana (acentuada depois de 1945) aos umbrais da Reconceptualização.

Como o leitor pode perceber, este trabalho se ocupa de um período extenso e de problemáticas variadas e complexas, muitas das quais pouco estudadas. Apresentando a nossa contribuição à análise, insistimos em que estamos convencidos de que a reconstrução da história do Serviço Social será resultado do esforço coletivo, a que devem somar-se muitos outros contributos numa tarefa que, por outro lado, já conta com valiosos aportes, merecedores de constante revisão e recuperação — sem o que uma empresa deste gênero perde a sua necessária perspectiva polêmica.

Ocupando-nos deste tema, o interesse pelo passado foi dirigido para extrair lições dele, para respaldar um olhar voltado para o futuro — como diz Chesnaux, o presente só reclama o passado em função do futuro: ele pode nos ajudar a compreender melhor a sociedade em que vivemos hoje, a saber o que defender e preservar e, no nosso caso específico, a equacionar e ultrapassar os óbices que desafiam o Serviço Social contemporâneo.

Já assinalamos que este trabalho se iniciou como uma valiosa experiência coletiva que compartilhamos intensamente com Marilda Villela Iamamoto, Raul Carvalho e Alejandrino Maguiña, que nos brindaram, além do calor da sua amizade, com inesgotáveis sugestões e idéias que incorporamos nas páginas que se seguem. Em especial, destacamos o apoio infatigável e paciente de Alejandrino Maguiña, que nos permitiu a conclusão deste livro.

Também queremos agradecer particularmente ao CELATS, cuja direção nos facultou, com estímulos concretos, a elaboração do trabalho e, ainda, à direção do curso de Serviço Social da Pontifícia Universidade Católica de São Paulo, que nos propiciou o uso de seus preciosos arquivos e colaborou permanentemente com a equipe de investigação. Merecem menção, igualmente, as colegas brasileiras que integraram os Grupos de Apoio à Investigação — com o sacrifício de suas obrigações, elas nos ajudaram ponderavelmente.

Sem deixar de fazer o registro das pessoas que opinaram sobre o projeto de investigação — com destaque para Leila Lima, por seus comentários e críticas —, assinalamos, enfim, a diligência e a correção de Verónica Abanto, que, mais uma vez, incansavelmente, cuidou dos originais.

Manuel Manrique Castro

Capítulo I
Emergência do Serviço Social: Condições Históricas e Estímulos

Quando surge o Serviço Social no continente latino-americano? Que forças concorrem na sua gênese? Que mudanças fundamentais se produzem em seu desenvolvimento ou, dito de outra forma, quais as grandes etapas por que se definiu o Serviço Social em nosso continente? Estas e outras perguntas similares tornam-se incontornáveis quando se procura ordenar e explicar as matrizes centrais da profissão em nossos países. Realmente, se revisamos os principais esforços voltados para esta direção, tais perguntas aparecem reiteradamente e se pode constatar que é em torno delas — e das suas respostas — que se constrói boa parte do debate que penetra a história da profissão.

No entanto, há que ressaltar que existem formas alternativas de questionar a origem e as mudanças da profissão. Além de indagar sobre o surgimento do Serviço Social em algum ponto do continente — todos sabem que a primeira escola, Alejandro Del Río, fundou-se no Chile, em 1925 —, pode-se investigar a emergência de um Serviço Social "chileno", "peruano", "argentino" etc., com marcado cariz nacional ou, ainda, o aparecimento do Serviço Social "latino-americano", isto é, o momento em que a profissão se "latino-americaniza", adquirindo um perfil, um caráter, uma genérica condição latino-americana e um horizonte comum. Isto ocorre desde os primeiros instantes continentais da profissão? Na escola criada no Chile e inspirada por René Sand existia um aspecto chileno ou um componente latinoamericano, subordinado ou submetido às premissas européias e ao modelo cultural "ocidental e cristão"? Como e através de que processos, pela intervenção e mediação de que forças, tais aspectos e componentes dominados se fortaleceram? Seu crescimento passou também por etapas diferenciáveis? Desde quando se pode dizer, por exemplo, que o Serviço Social vai se tornando "nacional" ou "latino-americano" — se é que isto ocorreu —, ou desde quando se pode verificar que tanto aponta quanto ruma para estas metas?

Redefinidas assim as perguntas inicialmente assinaladas, revela-se que todas se *acompanham*, inevitavelmente, de uma perspectiva analítica. Ou seja: não são perguntas neutras, passíveis de serem dissociadas da essência das respostas que suscitam. Ao contrário, parte das respostas — ou a sua totalidade — já se contém nas próprias perguntas. Observando-as, comprovamos que seu desdobramento não só remete à existência de ordens ou níveis da realidade distinguíveis entre si, embora constituintes de um mesmo processo que se mostra unitário em seu desenvolvimento — antes, postula estas ordens ou níveis. Assim, a perspectiva analítica implícita está contida na oposição de conceitos do tipo "nacional" e "antinacional", "latino-americano" e "antilatino-americano"; e, se se ampliasse ou se se fizesse mais exigente o desdobramento em questão, poder-se-ia reproduzir o bloco de perguntas dentro de pólos tais como o "popular" e o "antipopular", o "proletário" e o "burguês" ou, mais ainda, combinar hierarquicamente estas polaridades no interior de uma concepção teórica mais definida. Por exemplo, poder-se-ia perguntar desde quando existe, no continente, um Serviço Social de signo popular ou de caráter proletário? Ele existe realmente? Pode existir? Que forças jogam a seu favor e contra ele? Em síntese: qual a dialética social que organiza o processo da profissão, na sua gênese e nas suas sucessivas transformações?

Verifica-se que o elenco de perguntas, formalmente as mesmas, pode ser multiplicado. Vale dizer: o conteúdo das respostas será modificado e diverso se as perguntas postulam implicitamente a existência real ou virtual de um Serviço Social alheio às determinações sociais ou se, em troca, elas postulam a existência de especificidades culturais que nacionalizam ou regionalizam um mesmo corpo técnico-profissional. E será tanto mais diverso se os supostos metodológicos ou teóricos se complexificam e desdobram pela análise, já que é por meio deles, em última instância, que uma determinada colocação adquire sentido e coerência. Daí que, na análise das várias explicações que se oferecem sobre a "mudança" — de algo para algo, sua determinação, sua produção —, a tarefa fundamental reside na revelação da estreita relação que elas mantêm com uma determinada teoria. Ou seja: o problema é situar a polêmica no nível dos supostos teóricos que subjazem a qualquer discurso.

Iniciando a polêmica e apanhando diretamente a nossa problemática, vemos que os textos mais apreciados e difundidos referentes às origens do Serviço Social no continente — em particular, sobre o começo do seu ensino superior, dentro ou fora do âmbito universitário — partem de definições determinadas ou se remetem à idéia de um simples prolongamento dos desenvolvimentos que a profissão alcançara na Europa.

Tais desenvolvimentos, afirma-se, apresentaram-se em nossos países como o mero desdobramento de propostas de ação, textos, documentos ou experiências acumuladas por viajantes latino-americanos no Velho Mundo. Apela-se a este procedimento única ou essencialmente para entender como e porque se desenvolveu na América Latina aquela gama de atividades que, na Europa, já possuía longínquos antecedentes. Assim, menciona-se pouco ou nada dos precedentes remotos que a profissão teria em nosso mundo — que, na nossa ótica, poderíamos denominar prefigurações ou protoformas —, bem como daquela realidade social e política interna que, à época, operava para dar origem a esta específica modalidade de divisão técnica do trabalho.

Nos textos mais conhecidos pelo tratamento do problema histórico, como o de Ander Egg — que, no prólogo do seu livro, assinala que seu trabalho não é mais que um "conjunto de observações, notas e um guia de referências para uma história do Serviço Social"[1] —, lê-se, por exemplo:

"...1925 pode ser considerado como o 'ano de nascimento' do Serviço Social profissional na América Latina, já que marca a criação da primeira escola da especialidade num país latino-americano. Desde o seu nasci-

---
1. Ander Egg, E. (com a colaboração de E. Cassineri, L. Fernández, A. Parisi e J. Barreix). *Del Ajuste a la Transformación: Apuntes para una Historia del Trabajo Social.* Buenos Aires, Ecro, 1975.

mento, o Serviço Social latino-americano recebeu forte e decisiva influência externa. Não é surpreendente que a sua concepção tenha sido, basicamente, a de um mero reflexo. Entre 1925 e 1940, aproximadamente, foi tributário da Europa, em especial sob o influxo belga, francês e alemão; a partir de 1940, passou a ter o exclusivo selo norte-americano".[2]

A passagem contém várias afirmações. Mesmo que não as discutamos imediatamente, convém destacá-las separadamente. De início, afirma-se que em 1925 nasceu *(1)* o Serviço Social *(2)* profissional *(3)* na América Latina *(4)*, quando se cria a primeira escola *(5)* num país do continente *(6)*, dando origem ao Serviço Social latino-americano *(7)* — não só através de uma forte e decisiva influência externa *(8)*, mas como mero reflexo *(9)*, sucessivamente, do Serviço Social belga, francês e alemão *(10)* e, depois, norte-americano *(11)*, sendo assim seu tributário nesses períodos distintos *(12)*.

Barreix, por sua vez — e sem buscar expressamente um distanciamento de Ander Egg, com quem colaborou no texto antes citado —, explica o mesmo processo enfatizando outros elementos:

"Em 1925 começa a funcionar em Santiago do Chile a primeira escola de Serviço Social... fundada pelo Dr. Alejandro Del Río. O fato de que a primeira escola de Serviço Social da América Latina tenha sido criada por um médico é de fundamental importância. Nesta época, os médicos já sabiam muito bem que poderiam rentabilizar sua tarefa na medida em que se cercassem de uma série de subtécnicos que, sob sua absoluta dependência e direção e dando-lhes estrita conta dos seus afazeres, complementariam a função propriamente médica... Médicos com esta mentalidade... puderam perceber... que contariam com outro componente nesta equipe de subprofissionais..."[3]

Tomando apenas as afirmações adicionais de Barreix, podemos prolongar a série anterior com os seguintes elementos: na América Latina, o Serviço Social surge como subprofissão *(13)*, subordinada à profissão médica *(14)*, porque os médicos — especificamente Alejandro Del Río — procura-

---

2. Ander Egg, E. Op. cit. p. 191.
3. Barreix, J. "Historia del Servicio Social. Esquema Dialéctico para su Elaboración e Interpretación". In: *Hoy en el Trabajo Social*, n. 19-20, Buenos Aires, Ecro, p. 23-24.

vam elevar sua eficiência e rendimento *(15)*, integrando-a à série de outras subprofissões já existentes *(16)*. Logo, o mesmo ocorrerá com os advogados *(17)* e, em seguida, não só os profissionais, mas as próprias instituições de beneficência etc. *(18)* passarão a estimular o desenvolvimento do Serviço Social:

> "... As assistentes sociais, concluído o seu curso, não ficaram restritas ao trabalho com médicos e advogados; as instituições de beneficência, de caridade e de filantropia existentes entre nós... mostraram-se-lhes um excelente campo de trabalho. A tais instituições, que tinham por objetivo 'fazer o bem por amor a Deus', as Assistentes Sociais incorporaram o desejo de 'fazer bem o bem:' "[4]

Na tentativa de diferenciar etapas, os dois autores que citamos distinguem três fases sucessivas: a Assistência Social, o Serviço Social e o Trabalho Social. Para Barreix, a etapa da Assistência Social caracteriza-se pelo projeto de fazer o bem com o auxílio da técnica; o Serviço Social, em troca, seria aquela forma de ação social que enfatiza, antes de mais nada, a prevenção dos desajustes. Segundo Ander Egg, a etapa beneficente-assistencial (Assistência Social) não é mais que o exercício técnico da caridade, ao passo que o Serviço Social se comporia fundamentalmente de

> "preocupações técnico-científicas, de elevação do estatuto profissional, de psicologização do marco teórico referencial e de tecnicismo pretensamente neutro e asséptico".[5]

Se examinarmos como um todo as dezoito afirmações anotadas e a diferenciação que ambos os autores estabelecem para a evolução da profissão no continente, verificamos que é constante a seguinte matriz teórica:

1. que o surgimento e o desenvolvimento da profissão se explicam a nível superestrutural e pela intercorrência de forças derivadas deste âmbito (o modelo proposto no exterior, outras profissões, influência de personalidades esclarecidas etc.), sem que sejam apreendidos, nuclearmente, a partir da estrutura material de base (desenvolvimento de forças produtivas, modo de produção, relações entre classes etc.); esta última, quando invocada, não integra a essência mesma do discurso;

---

4. Barreix, J. Op. cit. p. 24-25.
5. Ander Egg, E. Op. cit. p. 197.

2. que tal surgimento e desenvolvimento ocorrem por determinação de fatores "externos" à sociedade latino-americana, como se estes operassem eficientemente por si sós, tanto sem a mediação quanto sem o encadeamento interno do processo histórico de nossos países, no qual se define a polaridade com o imperialismo enquanto estágio do desenvolvimento do capitalismo a nível mundial;

3. que esta perspectivação é sustentada mecanicisticamente, recorrendo-se a uma simplificação da teoria do reflexo e anulando-se a dialética específica do processo histórico, contraditório e mutável.

Do enquadramento da análise nesta matriz metodológica derivam outras limitações destas argumentações. No conjunto de citações que fizemos, verdades parciais se justapõem e se negam. Por exemplo: por um lado, afirma-se que em 1925 nasceu o Serviço Social profissional e, por outro, sustenta-se que naquela data surgiu como subprofissão. E se pode indagar: em 1925, nasceu a profissão na América Latina ou nasceu o Serviço Social latino-americano? — de fato, ambas as assertivas estão contidas na mesma frase. Como pôde nascer o Serviço Social *latino-americano* se este foi, por largos anos, um mero reflexo do Serviço Social europeu e, depois, do norte-americano? Há fundamento na afirmação segundo a qual a criação de uma escola dá início a uma profissão? Que papel desempenha a prática que a precedeu e sucedeu? Ou ainda: é legítimo afirmar que o surgimento de uma profissão num país significa a sua emergência numa dimensão latino-americana? E mais: que relação existe entre as fases de dependência européia e norte-americana e as etapas da Assistência Social e do Serviço Social?

Nossos autores oferecem uma linha explicativa desvinculada da realidade latino-americana e seu processo de desenvolvimento quando se referem às duas primeiras etapas. Seus esforços interpretativos remetem às condições prevalecentes na Europa quando surgem as chamadas formas de ação social. Escreve Ander Egg:

"... Ao lado da indiscutível prosperidade que se registra no século XIX e da acumulação crescente de riqueza pela classe possuidora, começam a preocupar algumas conseqüências que afetam aos despossuídos. A atenção aos pobres e desvalidos, durante a época da expansão capitalista, surge principalmente nos ambientes cristãos (protestantes e católicos), implicando que a assistência social que se organiza então se assemelhe àquela desenvolvida na Idade Média".[6]

Para localizar os precursores da Assistência Social, Ander Egg volta-se a São Vicente de Paulo, William Booth (fundador do Exército da Salvação) e Thomas Chalmers (criador da Igreja Presbiteriana Livre da Escócia). Quanto a Barreix, argumenta:

"... Nos fins do século XVIII, um fato novo sacode o mundo: surge na Inglaterra a máquina a vapor, marcando o início do que se denominou 'Revolução Industrial'. A máquina irrompe no cenário social e começa a inundar o planeta com os seus produtos. E o primeiro deles é uma nova classe social: a classe operária; entre seus produtos secundários, contam-se a formação dos grandes e superpovoados conglomerados em torno dos centros industriais, a miséria, a exploração... Esta avalanche de problemas sociais fez com que se tornassem irrisórios os meios que, para equacioná-los, apoiavam-se no 'fazer o bem em nome do bem'. Em face da superação destas formas de ação social, surge (a necessidade) do método, requer-se a técnica".[7]

Os pontos de vista destes autores estão amplamente difundidos no Serviço Social e foram assimilados, especialmente nos centros de formação, como a história oficial da profissão.

Não podemos nos deter no tratamento dos vários aspectos das suas respectivas argumentações,[8] uma vez que isto nos obrigaria a desbordar os nossos propósitos. Interessa-nos apenas discutir suas colocações sobre o surgimento da profissão na América Latina.

Tais colocações, salvo nuances secundárias, assentam numa base comum. Seu ponto de partida para entender o que ocorreu na América Latina está na velha Europa. Ambas — com diferente utilização de dados —, na mesma perspectiva, fazem uma larga apresentação da emergência e do posterior desenvolvimento do capitalismo europeu. Depois, em ambas se dá o segundo passo: a exposição das sucessivas modificações nas formas de ação social (recorrendo-se a longínquos antecedentes).[9]

---

6. Ander Egg, E. Op. cit. p. 129.
7. Barreix, J. Op. cit. p. 17.
8. Por exemplo, a idéia de que o primeiro produto da máquina é uma "nova classe social".
9. Cf., especialmente, para fundar estas assertivas, a primeira e a segunda partes da obra citada de Ander Egg.

33

Esta extrapolação, para a América Latina, do fenômeno europeu, próprio de condições particulares do desenvolvimento do capitalismo, bem como sua implementação, opera-se trazendo diversos riscos e conduz a equívocos no tratamento da história do Serviço Social. Uma das conseqüências desta translação da história geral da caridade, da filantropia e das seqüelas concretas derivadas do capitalismo europeu é a afirmação de que o Serviço Social latino-americano deve ser entendido como um mero — ou, segundo Ander Egg, "basicamente" — reflexo daquele.

Realmente, as referências deste autor à evolução histórica européia não recorrem a uma compreensão das classes e suas contradições. Ausente esta compreensão fundamental, ele perde de vista que a fisionomia específica dos processos é posta pelas formas concretas de articulação entre as classes sociais e pelo perfil que o seu confronto constrói. O doloroso processo de configuração do proletariado europeu, embora obedeça à lógica comum que opera universalmente, tem especificidades. A formação dos Estados burgueses, as modalidades que a exploração da força de trabalho adquire, as formas particulares de resistência e organização da classe operária, as camadas médias etc., têm seus traços pertinentes determinados pela maneira como, ao longo do tempo, aquela lógica comum opera na Europa e na América Latina.

O suposto de que o conhecimento do que se passou na Europa — mais ou menos aproximadamente — basta para compreender o processo latino-americano foi transposto também para o caso das chamadas formas de ação social. Ainda aqui, acreditou-se que a extrapolação era legítima.

Diretamente relacionada ao risco metodológico assinalado é a equalização, realizada pelos autores citados, entre a fundação da primeira escola de Serviço Social e a emergência da profissão no continente. Trata-se de uma limitação no entendimento do processo, que é muito mais complexo que a iniciativa, de uma ou várias personalidades, de criar um centro de formação.

A fundação, no Chile, em 1925, de uma escola de Serviço Social inaugura uma etapa nova dentro da profissão, tal como vinha sendo exercida, e representa um novo patamar de institucionalização que se produz com a incorporação do Serviço Social ao espectro das profissões de nível superior. Mencionar este momento como "ponto de partida" pode ser útil para organizar a memória coletiva no plano ritual e simbólico, propiciando aos assistentes sociais do continente um marco de referência para suas comemorações ou para suas reivindicações sobre sua história, contribuição social ou estatuto profissional. Neste sentido — e noutros similares, que devemos saber valorizar —, uma "certidão de nascimento" deste gênero não é desprezível. No entanto, quando se pretende recorrer à análise histórica para compreender o caráter de uma profissão, seus limites, suas possibilidades e para implementar melhor suas contradições internas — neste caso, uma tal perspectiva só confunde.

A criação de uma escola, em si mesma, não equivale à abertura de um processo que se quer identificar como o início de uma profissão. A fundação das primeiras escolas — 1925, Chile; 1936, Brasil; 1937, Peru — apenas revela momentos específicos de um processo de maturação que atinge um ponto qualitativamente novo quando a profissão começa a se colocar sua própria reprodução de modo mais sistemático.

Pois bem — em que contexto surge esta necessidade? Ela só transita pela lucidez ou espírito visionário do Dr. Alejandro Del Río? Concretamente, como se articulam os dotes pessoais dos fundadores com os componentes contextuais no interior dos quais o Serviço Social se profissionaliza?

1. Dinâmica de classes e profissionalização do Serviço Social

A resposta a tais questões tem de ser buscada na relação de forças entre as diversas classes sociais e no movimento que ocorre quando elas põem em jogo seus próprios interesses.

Os anos vinte, no Chile, se apresentam como uma etapa histórica decisiva, marcada pela emergência de novas classes sociais sob o estímulo de relações de produção embasadas na exploração de força de trabalho assalariada, no dinamismo do precoce processo de industrialização e na penetração dos capitais norte-americanos como parte de uma estratégia geral de substituição da hegemonia inglesa e de integração das economias latino-americanas ao mercado capitalista.

Neste quadro, as expressões de protesto e os progressos na organização de classe do proletariado — com a influência das idéias socialistas, naqueles anos potenciadas pelo êxito da experiência russa de 1917 — exigiram que o Estado (e, nele, a aliança de classes dominantes), como pilar da hegemonia, articulasse formas de ação para responder às demandas de uma realidade social nova. É óbvio que, nem no Chile nem nos experimentos históricos de outros países, o confronto de classe se resolveu pacificamente e em benefício do proletariado. O emprego das mais diferentes formas de repressão sempre se combinou com algumas concessões à classe operária e ao movimento popular. Sintonizado a este ritmo social, o Estado adaptava-se à nova situação, conduzido pela aliança de classes que o controlava. A assunção, por parte do Estado, de gastos destinados a melhorar as condições da reprodução da força de trabalho e a aprovação de uma legislação trabalhista evidenciavam uma postura alternativa das classes dominantes.

"A produção chilena de cobre cresceu intensamente a partir da Primeira Guerra Mundial, alcançando 321.000 toneladas em 1929. Este aumento deveu-se, essencialmente, à ação das companhias norte-americanas, que subalternalizaram completamente as antigas empresas nacionais organizadas desde o século passado. Em 1925-29, o Chile já contribuía com 18% da produção mundial de cobre, situando-se imediatamente abaixo dos Estados Unidos."[10]

É claro que estes êxitos econômicos do país foram conseguidos graças a mecanismos que possibilitaram uma intensificação da exploração da classe operária chilena e também o seu crescimento numérico. O significado econômico que a exportação do cobre tinha para o país impunha uma dinâmica fluida às negociações entre o Estado, as grandes companhias norte-americanas e o proletariado mineiro do Chile.

De acordo com Luis Vitale, entre 1860 e 1890, a modernização das empresas agrícolas teve como conseqüência, e favoreceu, o aumento do proletariado rural em diferentes regiões do país.[11] Entre 1908 e 1928 a produção industrial cresceu em cerca de 84%. Justamente no primeiro terço deste século,

"certa parte dos capitais gerados no salitre e no comércio investem-se no campo, originando formas mais desenvolvidas de produção agrícola. A viticultura, por exemplo, difunde-se amplamente; por outro lado, investimentos em obras de irrigação melhoram a capacidade produtiva das explorações.[12]

---

10. Furtado, C. *La Economía Latinoamericana, Formación Histórica y Problemas Contemporaneos*. 10ª ed. México, Siglo XXI, 1977, p. 227.
11. Vitale, L. *Interpretación Marxista de la Historia de Chile*, t. IV, p. 68, apud Cueva, A. *El Desarrollo del Capitalismo en América Latina*. México, Siglo XXI, 1978. p. 106.
12. Faletto, E. e Ruiz, E. *La Crisis de la Dominación Oligárquica*, apud Cueva, A. Op. cit. p. 107.

36

Em seus momentos iniciais, o desenvolvimento capitalista chileno alcançou tal vigor que foi capaz de servir de cenário para o aparecimento da perspectiva nacionalista representada por Balmaceda, com seu projeto de desenvolvimento nacional autônomo.

Em 1888, Balmaceda reclamou a industrialização do país à base da exploração, pelos chilenos, das riquezas de Tarapacá. No ano seguinte, pronunciou-se por uma política salitreira contrária aos interesses dos ingleses — propôs a sua nacionalização, através do apoio ao capital nacional. Igualmente, foi partidário e agente da nacionalização das ferrovias da *Nitrate Railways Company* e das ferrovias mineiras do norte, ambas de proprietários ingleses. [13] A experiência nacionalista foi abortada em 1891, quando as forças oligárquicas e pró-imperialistas promoveram uma sangrenta guerra civil.

Anos antes, no decurso da Guerra do Pacífico, a indústria fabril chilena multiplicou extraordinariamente a produção de roupas, calçados, selas e arreios, pólvora, produtos químicos e farmacêuticos, tonéis, caldeiras para barcos etc. Entre 1870 e 1907, a importação de bens de consumo caiu, em termos relativos, de 89,6% para 48,5%, graças ao aumento da produção da indústria manufatureira doméstica.[14]

É desnecessário esclarecer que, sequer remotamente, nós pretendemos apresentar um exaustivo panorama da história chilena, dos finais do século passado e dos princípios deste. Mas é nossa intenção oferecer uma sinopse global das condições que contextualizaram a criação da primeira escola de Serviço Social — a que retornaremos —, acentuando o ritmo do desenvolvimento do capitalismo chileno, que, já no último quartel do século XIX, mostrava seus primeiros indícios industriais. Este processo, como é lógico, trouxe toda a seqüela das conseqüências e males derivados da expansão das relações capitalistas de produção. Miséria, crescimento urbano caótico, migrações de camponeses expulsos de suas terras etc., instauraram o solo fértil e propício para a emergência e a proliferação de agentes encarregados de trabalhar estes fenômenos — agentes entre os quais, naturalmente, contam-se os assistentes sociais. Não é de surpreender que, em tais condições, coubesse a um médico a organização e a iniciativa de fundar uma escola de Serviço Social: à época, médicos, sacerdotes, advogados (e mesmo certo

---

13. Cueva, A. Op. cit. p. 60.
14. Bambirra, V. *Capitalismo Dependiente Latinoamericano*. Chile, 1973. Cuadernos CESO, n. 16, p. 30.

tipo de engenheiros) desempenhavam papéis profissionais de grande significado social — e, ainda, muitas funções próprias do Estado tinham seus agentes nos advogados e nos médicos. Os conflitos trabalhistas e a aplicação da legislação pertinente, bem como as expressões do protesto operário, eram tratados pelos advogados. E o problema da saúde era especialmente agudo no momento em que a acumulação capitalista condenava à enfermidade milhares de trabalhadores: a prevenção e a terapia eram precárias, não havia a necessária infra-estrutura e se carecia de um amplo corpo de profissionais — e, basicamente, o capital não estava interessado em responder a estas demandas de caráter social.

As formas prévias de ação, subsidiárias da sociedade oligárquica, entravam em colapso diante de um mundo rapidamente mutável, em que a estruturação de novas relações de produção introduzia modificações qualitativas. Decorrentemente, diversas modalidades de ação social passaram a sofrer alterações substanciais; mudada a perspectiva de sua função, reservaram-se para elas — e este é o caso do Serviço Social — certas tarefas que requisitavam níveis especiais de preparação. Note-se que não se ergue, sobre as formas prévias de Serviço Social, uma nova e moderna modalidade de ação que suprime as anteriores — as formas de ação social não emergem ou sucumbem segundo a vontade dos seus agentes; ao contrário, são objetivações da situação social prevalecente, expressando, à sua maneira, as características das sociedades onde se articulam novas relações de produção. Sociedades em que se processa a dolorosa implantação da implacável lógica do capital, com todas as suas determinações. Este espectro de alterações e da emergência de novas formas de ação social se patenteia — como uma das várias transformações — no caso do Serviço Social.[15]

É possível argumentar que o Serviço Social latino-americano, tal como se afirmou, à base da influência concreta que exerceram sobre ele correntes de pensamento e propostas profissionais européias, foi, até o momento em que se deu o salto qualitativo que modificou substantivamente a sua perspectiva, um "mero reflexo" de concepções elaboradas no exterior. Entretanto, limitar-se a esta simples constatação factual é um risco que não podemos deixar passar sem reservas.

---

15. Vicente P. Faleiros, analisando o processo do Serviço Social latino-americano, oferece idéias sumamente interessantes sobre estas questões. Cf. *Metodologia e Ideologia do Trabalho Social*. São Paulo, Cortez, 1981.

Se se registra a inserção das idéias e propostas européias na América Latina, isto se verifica sobre o terreno das vinculações estruturais mantidas entre os dois continentes ao longo de séculos. A influência sobre o Serviço Social não é algo exclusivo dele, nem pode ser visualizada como apenas correspondente a uma interação só favorável aos europeus. Um amplo processo de relação estrutural e de subordinação nas distintas esferas da vida social é o substrato das múltiplas formas da influência européia nos mais variados campos e setores de atividade.

Contudo, esta influência não é simplesmente uma abstração. Sua cristalização é constatável aferindo-se o comportamento das classes dominantes, do Estado, da Igreja etc. Para os representantes das nascentes burguesias e, com mais razão, das oligarquias parasitárias, a Europa não era somente o grande empório de mercadorias desejadas — era-o também de idéias e estratégias. E para os governantes, o Velho Mundo constituía o "modelo", ou padrão de acumulação, de que se poderiam inferir as melhores formas de organização administrativa e de emprego dos recursos públicos.

Em nosso continente, são inumeráveis os exemplos que demonstram, meridianamente, o nível do influxo global da Europa: na arquitetura, na construção civil, na estrutura escolar, na organização do exército e de outras forças repressivas abundam amostras do que ocorreu em outras esferas da atividade privada e pública.

A influência das idéias da Europa na configuração do Serviço Social latino-americano explica-se se se compreendem os nexos de subordinação estrutural (dos quais, para os nossos objetivos, destacamos os de caráter ideológico). Sem esta referência, chega-se a uma verdade parcial que pode propiciar um entendimento equivocado: pode-se situar o denominado reflexo como se ele fosse o produto de uma seleção voluntária em face de um leque de alternativas.

Ora, a nosso juízo, se se recorreu à Europa como modelo para a legislação trabalhista, para a previdência social ou para a assistência pública, foi porque existia uma compatibilidade entre os projetos de classe que algumas faixas das classes dominantes sustentavam e o conteúdo e a mensagem das fórmulas de ação importadas. Era este nível de identidade que criava as condições para que se visualizassem naquelas fórmulas um mecanismo de ação aplicável às realidades de nossos países.

Se se coloca à margem a compreensão do papel das relações de produção e as suas formas específicas de articulação, se se recorre à experiência européia para entender o nosso continente (e se se pensa que o desenvolvimento do Serviço Social pode ser apreendido como *mero reflexo*) — então se forjam as premissas para apresentar a criação da primeira escola de Serviço Social na América Latina como resultante quase exclusiva da lucidez e do espírito visionário do Dr. Alejandro Del Río.

Reforçar esta linha interpretativa equivale a superestimar a iniciativa pessoal, desvinculando-a do conjunto de determinações que a contextualizam e viabilizam. É óbvio que não partilhamos de um determinismo massificador, que recusa e amesquinha o valor das iniciativas e das capacidades individuais — ao contrário, defendemos uma explicação que as situe na sua verdadeira relevância. Nesta ótica, o Dr. Alejandro Del Río não foi uma individualidade divorciada da dinâmica da sua época. Como médico, e especificamente como iniciador da organização do Serviço Social profissional, movimentou-se no interior de uma concepção de classe que — nos marcos de um projeto de classe mais abrangente — conferia ao Serviço Social determinadas potencialidades de ação.[16] Fora deste enquadramento, numa perspectiva a-histórica, a apreciação de méritos e aptidões individuais conduz à mistificação dos fatos.

2. Periodização e história profissional

Outro elemento dos textos voltados para a história do Serviço Social são as periodizações e classificações que buscam estabelecer apresentações mais sistemáticas e ordenadas do processo evolutivo da profissão. Interessa saber em que medida tais classificações apanham os momentos da evolução profissional, arrancando deles as derivações posteriores. É nesta perspectiva que convém examiná-las, salientando os riscos decorrentes do seu emprego.

---

16. No Peru, e seguramente em outros países da América Latina, encontramos numerosos exemplos de personalidades a que foram atribuídas — a título quase exclusivo — criatividade e imaginação para cristalizar projetos pedagógicos no plano universitário. Fundadores de faculdades de engenharia e agronomia são objetos de um culto que se nutre de uma visão de História em que as individualidades são eixos em torno dos quais gravitam os acontecimentos.

As classificações, em si mesmas, são recursos metodológicos com que se agrupam, num conjunto, elementos a que se confere algum tipo de unidade. No entanto, a classificação, por sua natureza mesma, não assegura o êxito da empreitada; ao contrário, esforços classificatórios podem revelar-se insuficientes na apreensão do jogo dinâmico da sociedade. No caso da história do Serviço Social, multiplicam-se as classificações — aparecem em livros e artigos de revistas, com níveis diferenciados de correção.

Retornando aos autores já mencionados, podemos notar que seus referenciais metodológicos, na elaboração da história do Serviço Social, contribuem para que a periodização que sugerem se arrisque a não dar conta da realidade.

Barreix constrói uma complexa sucessão de etapas. Começa indicando as formas de ação social, passa à assistência social, depois aos pioneiros, ao período de Mary Richmond e conclui assinalando as escolas sociológica, psicológica e eclética e os métodos de grupo e de comunidade. Ele procura dar uma chancela científica à classificação que oferece, batizando a sucessão de etapas com os termos *tese, antítese* e *síntese*. Eis um exemplo do seu procedimento:

"Do confronto da tese 'fazer o bem em nome do próprio bem' com a antítese 'fazer bem o bem' surge a síntese, que denominamos *pioneira*. Afirmam os pioneiros: — Há que prover de assistência, mas com conhecimentos técnicos, ao carente... Do confronto da tese *pioneira* com a antítese de Mary Richmond surge, como síntese, a chamada *Escola Sociológica*, que predominará até a Primeira Guerra Mundial... A síntese anterior *(Escola Sociológica)*, convertida em tese, enfrentar-se-á à antítese que, precisamente, nomeamos *Escola Psicológica* que, com suas duas ramificações conhecidas (diagnóstica e funcional), tanto repercutirá no Serviço Social".[17]

Empregando uma *nomenclatura dialética* — tese, antítese, síntese —, o autor imagina fazer uso da *dialética*. Identificando com aquela diversos acontecimentos relacionados temporalmente a aspectos da história do Serviço Social, ele procede como se um evento, na escala em que é anterior a outro, possa ser tratado como sua tese.

---

17. Barreix, J. Op. cit. p. 17-19.

Este esforço taxonômico induz a confusões muito sérias: de um lado, pode assemelhar a dialética ao seu modo de aplicação por Barreix; de outro, pode obscurecer a história do Serviço Social, através de uma proposta na qual Mary Richmond comparece como essência de um período, equiparável ao que — na ótica do autor — chama-se Escola Eclética ou Métodos de Grupo e Comunidade.

Em troca, para Ander Egg, a evolução do Serviço Social na América Latina se dá em cinco momentos, articulados em três fases. Na *primeira,* a da Assistência Social, predominariam as concepções beneficente-assistenciais. A *segunda fase* comportaria, sucessivamente, três momentos, delimitados pelo predomínio das concepções para-médica (e/ou para-jurídica), asséptico-tecnocrática e desenvolvimentista. A *terceira fase,* denominada Trabalho Social, teria como suporte uma concepção conscientizadora-revolucionária.

Esta classificação — como já deixamos indicado — mostra-se a histórica, em função dos erros de base apontados antes. Considerá-la a-histórica pode parecer algo severo, se se leva em conta que, na explicação de cada momento ou fase, o autor se refere a eventos históricos. Mas não basta a remissão, por mais minudente que seja, a acontecimentos históricos para garantir uma compreensão histórica dos processos.

No caso de Ander Egg — como, aliás, no de muitos outros autores —, predominam, na explicação da história do Serviço Social, componentes endógenos. A referência à contextualização histórica é justaposta a um discurso sobre o Serviço Social que mantém escassa relação com as indicações globais no interior das quais poderia se desdobrar. Nessas condições, a abundância de dados, cifras e tentativas de sistematização apenas explicita — enquanto situada no nível do episódio — os estreitos limites em que se movimenta a análise.

Outro autor — que também contribuiu na caracterização do processo histórico da profissão —, Boris Lima, sustenta que a evolução do Serviço Social conheceu quatro etapas: pré-técnica, técnica, pré-científica e, enfim, científica. Desta, diz-nos:

"O Serviço Social começa a fazer-se científico quando se arroga o questionamento das relações causais das necessidades com que se defronta, quando se preocupa em conhecer as questões essenciais dos problemas ou fenômenos que aparecem como seu objeto de estudo e intervenção. Vale dizer: quando caminha para o interior dos fenômenos, para encontrar aí a natureza contraditória e substancial que os explica".[18]

Nestes dois autores, a falta de uma instrumentação *ativa* do papel das determinações e das classes sociais na explicação do processo histórico da profissão faz com que o seu discurso se desdobre sobre o próprio desenvolvimento das modalidades de ação empregadas pelo Serviço Social. Assim, certos períodos são caracterizados em função da influência alcançada pelas correntes de pensamento ou formas de ação, nem sempre coincidentes com a ação concreta predominante na profissão e com os efeitos qualitativos desta prática.

O Serviço Social — como qualquer outra atividade profissional — não tem a faculdade de se autodeterminar nem de, por si mesmo, fixar o efeito qualitativo da sua prática. As práticas profissionais, quaisquer que sejam, têm que ser inseridas no movimento geral das relações entre as classes e visualizadas como expressão dos seus interesses, organizando respostas distintas à contradição que existe entre elas. Apenas depois de se compreender o significado deste jogo básico de forças é que se torna possível precisar, a nível das idéias, aquelas que se põem como características em cada etapa. Por exemplo: identificar o conjunto pertinente das concepções existentes num momento e reconhecê-lo como pré-científico ou científico pode favorecer, no plano superestrutural, a compreensão do que diferencia uma etapa de outra, mas não é suficiente quer para caracterizá-las globalmente, quer para esclarecer o trânsito de uma a outra.

---

18. Lima, Boris A. *Epistemología del Trabajo Social*. Buenos Aires, Humanitas, 1976, p. 77.

Capítulo II
Igreja, Relações de Produção Capitalistas e o Período de Gênese da Profissão

Nas páginas precedentes, discutimos e apresentamos alguns argumentos teóricos que parametram a nossa abordagem metodológica à história do Serviço Social na América Latina. Não consideramos, obviamente, que estas aproximações sejam exaustivas, mas queremos, agora, avançar em nossa exposição, debatendo dois aspectos que ajuizamos como centrais para delimitar a nossa perspectiva analítica. Em primeiro lugar, é preciso estabelecer como entendemos *a função concreta que o Serviço Social desempenha no interior das relações sociais entre as classes;* e, secundariamente, qual o papel que a religião católica (como tal) e sua Igreja (como instância de organização de um determinado poder político) tiveram durante o período da gênese, da formação do Serviço Social — com uma atenção particular às implicações de caráter extra-religioso que o catolicismo trouxe à configuração do Serviço Social.

No que concerne ao primeiro ponto, como já observamos, valemo-nos do enfoque segundo o qual a profissão, ela mesma, só pode ser entendida no interior do desenvolvimento das relações de produção capitalistas, embasadas nas condições particulares de cada país latino-americano. O processo de imposição da lógica da acumulação capitalista é o eixo em torno do qual se articulam e organizam as funções do Estado e a luta das classes sociais para alcançar sua hegemonia e, naturalmente, entre o conjunto delas e a classe operária, que emerge como o contrário da implantação das relações assalariadas de exploração.[1]

O surgimento das primeiras escolas de Serviço Social na América Latina *cristaliza* uma situação prévia e introduz algumas mudanças significativas no percurso histórico da profissão. É pertinente indagar qual a significação qualitativa do ingresso do Serviço Social no âmbito da Universidade e do estatuto diferenciado que, em cada contexto, este fato lhe atribuiu — pois que há exemplos de escolas criadas recentemente (como a da *Universidad Madre y Maestra*, na República Dominicana, em 1966) e cabe perguntar se esta criação não é supervalorizada, conferindo-se-lhe um peso de que carece. Afinal, que tipo de relação existe entre as exigências e as necessidades sociais e a institucionalização universitária (escolarização) do Serviço Social?

Muito antes de encontrar espaço universitário, o Serviço Social tinha uma prática configurada, que implementava mediante suas componentes principais: um conjunto de objetivos tácitos ou explícitos, setores para os quais os profissionais dirigiam a sua atividade e agentes concretos encarregados de exercitá-la.

As formas de organização popular — em particular, da classe operária, progressivamente, foram apresentando novas exigências sociais, a que se tentou responder através de mecanismos distintos. Com eles, as classes dominantes procuraram direcionar as lutas populares, enquadrando-as no âmbito da legislação burguesa, cuja tramitação e controle cabem ao Estado. No auge das organizações operárias, cuja combatividade é um elemento de réplica às formas de exploração, especialmente contra o prolongamento da jornada de trabalho, aquela legislação se foi definindo sob a aparência de concessões burguesas — e, mesmo constituindo conquista popular, permite à burguesia canalizar o protesto do povo e perceber que, se adquirem maior dimensão, aqueles germes de organização e aquela

---

1. Remetemos o leitor ao interessante trabalho de Agustín Cueva (citado no capítulo anterior), que discute, a partir de documentação sólida e sintética, o processo de penetração das relações de produção capitalistas em nosso continente.

45

combatividade tornar-se-ão de difícil controle. Portanto, impõe-se a necessidade de o capital articular mecanismos preventivos e de manipulação que, sob a forma de cuidados às necessidades dos trabalhadores, facilitem as condições para a sua reprodução. As exigências históricas da acumulação capitalista, que supõem a reprodução das relações sociais de produção com as suas incidências no campo ideológico, instauram a sua lógica, multiplicando e diversificando mecanismos de intervenção que propiciem a defesa e a ampliação do capital. Este é o impulso específico do qual derivam as forças que põem novos critérios para o desenvolvimento da profissão.

Por outra parte, os conteúdos e as doutrinas de forte raiz cristã, no interior deste processo, evidenciam simultaneamente a sua força e as suas limitações para operar funcionalmente com as demandas do Estado burguês e das classes que precisam de agentes colaboradores na reprodução da força de trabalho como mercadoria, tanto no que se refere à orientação e à organização da vida, como no que tange ao consumo das novas camadas sociais submetidas à órbita do capital, e cuja força de trabalho já não pode ser vendida por um salário apenas como transação livre num mercado anárquico, mas que reclama a intervenção, nele, do Estado, para garantir os interesses gerais do capital.

A subordinação da força de trabalho ao capital traz consigo um complexo de fenômenos que, aos olhos dos pensadores do Serviço Social, apareciam como disfuncionalidades, a serem corrigidas mediante a utilização de recursos técnicos nos quais, supostamente, estava o remédio para os males sociais.

Esta subordinação, porém, não é um fato que se limita estritamente ao nível da produção: o conjunto da vida do proletário vai se organizando em função da sua condição de vendedor da única mercadoria que possui e que lhe propicia a reprodução da sua força de trabalho e da sua família. Os hábitos, a organização do consumo e de toda a economia doméstica, o papel da mulher no lar, o uso do tempo livre etc., todos estes aspectos passam a organizar-se em consonância com a sua condição básica de proletário. O processo de *adaptação* da classe operária à sua nova condição social, assim, acompanhou-se por profissionais cuja formação procurou-se adequar, técnica e ideologicamente, para que levassem a cabo com êxito esta tarefa. E, apesar de tudo, a análise da tarefa, em si mesma, não permite desvendar a lógica no interior da qual ela ganha sentido. Por isto, o seu traço pertinente não deve ser buscado na própria tarefa, mas no conjunto do sistema de relações em que se inserem as suas atividades. Como Gramsci explicou,

> "o operário, por exemplo, não se caracteriza especificamente pelo trabalho manual ou instrumental, mas por este trabalho em determinadas condições e em determinadas relações sociais".[2]

O mesmo vale para o Serviço Social, que passou a atuar no marco de relações de produção propriamente capitalistas cada vez mais nítidas, com a totalidade da vida social organizando-se segundo as suas exigências.

Não é a tarefa em si o que define o seu conteúdo assistencialista ou não. Uma determinada tarefa, ou atividade, pode ter, num momento histórico, um cunho profundamente assistencialista, de raiz religiosa e caritativa — e pode mudar de sentido e de perspectiva sob outras condições sociais, sob o domínio do capital.

É nesta ótica que se deve visualizar a relação Igreja-Serviço Social, pois os vínculos daquela com o assistencialismo profissional foram mudando de caráter conforme as transformações sociais reclamaram uma redefinição não só do assistencialismo católico, mas também da doutrina social da Igreja, das suas políticas e relações de poder no bojo do novo quadro emergente de forças.

E é nela que se verifica que a emersão do Serviço Social, enquanto protagonista de uma prática diferenciada da assistência pública e da caridade tradicional, conecta-se aos objetivos político-sociais da Igreja e das frações de classe vinculadas mais diretamente a ela. Os elementos que mais colaboram para o surgimento do Serviço Social têm origem na *Ação Católica* — intelectualidade laica, estritamente ligada à hierarquia católica —, que propugna, com visão messiânica, a recristianização da sociedade através de um projeto de reforma social. Estes núcleos de leigos, orientados por uma retórica política de cunho humanista e antiliberal, lançam-se a uma vigorosa ação dirigida para penetrar em todas as áreas e instituições sociais, criando mecanismos de intervenção em amplos segmentos da sociedade, com a estratégia de, progressivamente, conquis-

---

2. *Apud* Portelli. H. *Gramsci y el Bloque Histórico.* p. 95.

tar espaços importantes no aparelho de Estado. A *Ação Católica* (e, por extensão o Serviço Social) prende-se a um projeto de recuperação da hegemonia ideológica da Igreja — incentivado oficialmente pela hierarquia e tendo como suporte as encíclicas papais —, lutando contra o materialismo liberal e contra a agitação social de cariz anarco-comunista.

Dois aspectos, ou dimensões, o político e o ideológico, intimamente interligados, permitem destacar melhor a conexão da Igreja com os intelectuais:

> "A Igreja mantém uma unidade ideológica 'oficial' através de dois meios: a política e a evolução ideológica progressiva. Como em toda ideologia, a relação entre os diferentes níveis da religião está assegurada pela política; neste caso, exercendo-se uma férrea disciplina sobre os intelectuais, para que não ultrapassem certos limites na distinção e não a tornem catastrófica e irreparável".[3]

De fato, por longos séculos a Igreja fundou o seu poder (juntamente com o dinheiro, os exércitos e as prisões) na organização não apenas de um aparelho político, mas ainda na profissionalização das suas hierarquias, pretendendo que estas subordinassem o desenvolvimento e a difusão do conhecimento aos dogmas da fé católica. No entanto, os dogmas não eram apenas — como se postulava — o reflexo fiel de uma verdade revelada: eram a sua interpretação mutável em face das múltiplas mudanças que iam reordenando a sociedade e as ideologias dominantes. Em todo este processo, sempre foi fundamental para a Igreja controlar com "férrea disciplina" o desenvolvimento do conhecimento e, em particular, os intelectuais, mantendo seu próprio contingente de ideólogos entre padres e bispos, mediante profissionais seculares ou regulares, apoiando-se ora nuns, ora noutros, ora mais numa ordem que noutra, expressando a aguda luta pelo poder no seu interior.

A partir da hierarquia católica desenvolveu-se, ainda, um controle da Igreja sobre os intelectuais e os profissionais laicos, que foram organizados em instituições, movimentos etc., com funções especializadas mais específicas e cambiantes, graças à importância do "material ideológico" de que dispunham. Portelli assinala:

> "... Não poderíamos explicar a posição conservada pela Igreja na sociedade moderna se não levarmos em conta a importância do seu material

---

3. Idem, p. 26.

ideológico, dos seus duradouros e pacientes esforços para operar a sua própria secção da estrutura material da ideologia. Este material ideológico é essencialmente constituído pela literatura e pela imprensa..., bem como pela organização escolar e universitária que a Igreja preservou". [4]

Esta estrutura organizativa, amalgamada por uma doutrina centralizada (onde também intercorreu o catolicismo popular), participou de diferentes processos históricos. Nestes, a Igreja católica foi progressivamente reorientando a sua estratégia geral e, conseqüentemente, a própria ação laica, de forma a estabelecer sua influência e sua presença entre as grandes massas, ganhando o seu universo mental, alimentando permanente e organizadamente a sua fé e difundindo reiteradamente a sua apologética, através de uma gama ampla e hierárquica de intelectuais.

Vencido o tempo em que, apesar da expansão do mundo mercantil, os reis se submetiam ao seu império, a Igreja — bem como os reis e os Estados mesmos —, quando o capital passou a organizar a sociedade e a definir as relações de poder, submeteu-se também à sua lógica acumulativa. E como qualquer outra instituição humana, a Igreja — similarmente ao que fizera em face de revoluções precedentes — teve que recriar quer os seus argumentos de poder, procurando adaptar-se às mudanças, quer as fórmulas práticas de ação que oferecia aos leigos; para isto, valeu-se tanto do contato regular que mantinha com as massas quanto dos organismos laicos de ação que, como seu sistema nervoso central, passaram a parametrar e institucionalizar a intervenção católica.

Na América Latina, desde os primeiros momentos a Igreja católica desempenhou um papel de extrema importância; e a sua significação social e política foi notavelmente acrescida ao longo do domínio colonial. Ela determinou os intelectuais orgânicos e, durante muito tempo, a categoria intelectual mais típica, monopolizadora dos serviços relevantes — a ideologia religiosa, a filosofia, a ciência da época, a educação, a moral, o ordenamento dos costumes, a própria noção de justiça —, foi a dos intelectuais clericais.[5] Gramsci assinala-o bem:

---

4. Ibidem, p. 27.
5. Gramsci, A. *Antología*, p. 390.

49

"A categoria dos eclesiásticos pode ser considerada como a categoria intelectual organicamente vinculada à aristocracia fundiária; estava juridicamente equiparada a ela, com ela repartia o exercício da propriedade feudal da terra e os privilégios públicos decorrentes da propriedade. Mas o monopólio das superestruturas pelos clérigos nunca se operou sem lutas e restrições, e assim se produziu a emergência de outras categorias favorecidas e ampliadas pelo reforço do poder central do monarca até o absolutismo. Gradualmente, vai-se formando a aristocracia da toga, com seus próprios privilégios, e uma camada de administradores, cientistas, teóricos e filósofos leigos..." [6]

O progressivo enfraquecimento do poder colonial e das classes que dele se valiam, juntamente com a implantação mais conclusiva das relações de produção capitalistas, obrigaram a Igreja a repensar a sua própria estratégia de ação política. Se se vinculasse, até às últimas conseqüências, ao poder das classes coloniais, a Igreja teria passado por sérias dificuldades. Mas o seu processo mesmo de luta interna foi tornando-a mais sensível às modificações que se operavam na estrutura social.

A Igreja, responsável pelo segmento mais vasto dos intelectuais orgânicos da sociedade oligárquica, respondeu também pela direção cultural adequada às exigências da hegemonia social das classes dominantes. No terreno específico do que se denominava assistência social, organizou formas para tratar os problemas da época anterior à eclosão do fenômeno industrial.

Por outra parte, a Igreja movia-se no interior de um projeto mais geral de *reforma social,* cujo principal conteúdo era a luta pela recuperação da hegemonia cristã, quando esta começou a perigar em função tanto da influência marxista quanto da proposta liberal. O combate contra a secularização e a racionalidade que acompanham a expansão do capitalismo assumiu o caráter de utopia social, inspirada no passado da hegemonia ideológica da Igreja sobre a sociedade e o Estado, e consistia na tentativa de restaurar este domínio perdido.

Como elemento da estratégia destinada a recuperar a sua hegemonia ideológica, tanto a hierarquia católica quanto os leigos valorizaram em maior grau a ação social e a participação ativa e organizada dos crentes na vida social, criando-se, para colimar estes objetivos, os suportes de tipo

---

6. Idem, ibidem.

legal e institucional. Nestes, cabe destacar o ensino confessional, os centros de estudo, a *Ação Católica*, as universidades, os sindicatos católicos, as novas formas de ação paroquiais etc. Estas respostas sincronizavam-se às mudanças operadas no interior das sociedades latino-americanas, nas quais a ação da Igreja (e o trabalho dos seus agentes) perdia significativos espaços.

1. A ação social da Igreja e as encíclicas papais

A Igreja conta com um discurso doutrinário centralizado (romano ou vaticano) que elabora as diretrizes gerais de compreensão dos problemas, estabelecendo normas genéricas para o exercício da fé católica. Entre seus instrumentos mais importantes destacam-se as encíclicas papais, que, em mais de uma ocasião, representaram modificações substantivas na orientação doutrinária e na ação política da Igreja católica. Todavia, é significativo assinalar que as encíclicas encontram condições diferenciadas conforme o meio em que se implementam.

E condições especiais são aquelas dadas por realidades onde estão em curso dinâmicos processos de industrialização, seguidos pela intensificação da luta de classes — condições, como se pode compreender, muito distintas daquelas existentes em países nos quais a dominação de camadas oligárquicas conserva a sua vigência. De qualquer modo, é imprescindível conhecer o papel concreto exercido pela hierarquia e pelo clero, bem como a natureza da sua fusão orgânica com as classes dominantes.

No período em que o Serviço Social transita para a sua profissionalização, quando penetra nos centros de ensino superior e se vincula a certas instâncias do Estado — ou ingressa diretamente na Universidade —, duas encíclicas papais tiveram um papel sumamente importante para enformar o seu desenvolvimento (mesmo que se leve em conta que, junto delas, a ação direta da Igreja e a sua permanente inspiração ideológica responderam pelo perfil e pelo substrato doutrinário da formação dos primeiros centros de formação superior). Referimo-nos às encíclicas *Rerum Novarum*, divulgada por Leão XIII a 15 de maio de 1891, e *Quadragesimo Anno*, divulgada por Pio XI a 15 de maio de 1931, dois anos depois do grande *crack* capitalista de 1929.

1.1. A questão social e a "Rerum Novarum"

A encíclica *Rerum Novarum* divide-se em duas partes: "A solução proposta pelo socialismo" e "A solução proposta pela Igreja".

Desde as suas primeiras linhas, o documento situa-se diretamente em face da nevrálgica questão operária, observando que

'... os progressos recentes da indústria e os novos caminhos trilhados pelos ofícios, a mudança operada nas relações entre patrões e trabalhadores, o enriquecimento de uns poucos e o empobrecimento da multidão, a maior confiança dos operários em si mesmos e a união com que se juntam entre si e, enfim, a corrupção de costumes fizeram eclodir a guerra".[7]

Constatados os fatos, a encíclica menciona a necessidade de tocar no cerne da questão social, esclarecendo que esta tarefa compete à Igreja em razão da relação que existe entre a sua causa e a do bem comum. E o texto se posiciona criticamente em face dos capitalistas ao enunciar:

"Acrescendo o mal, sobreveio a usura voraz que, repetidamente condenada pela sentença da Igreja, prossegue disfarçando sua essência sob formas várias, exercida por homens avaros e ambiciosos. Some-se a isto o fato de que a produção e o comércio de todas as coisas estão quase inteiramente em poucas mãos, de modo que uns quantos homens riquíssimos e opulentos impuseram sobre a multidão inumerável de proletários um jugo que pouco difere da escravidão".[8]

A encíclica salienta as formas de exploração da força de trabalho assalariada, que permitiram a acumulação capitalista. E se é certo que critica a insensibilidade dos "homens riquíssimos e opulentos", ela tem, igualmente, o objetivo de enfrentar as propostas socialistas (que, à época, ganhavam numerosos adeptos nas fileiras do movimento operário), defendendo a propriedade privada, pilar fundamental das relações de produção capitalistas:

---

7. *Rerum Novarum*, Encíclica del Papa León XIII, p. 3-4.
8. Idem, p. 5.

"Para remediar estes males, os 'socialistas', depois de estimular entre os pobres o ódio aos ricos, pretendem liquidar com a propriedade privada, substituindo-a pela coletiva, em que os bens de cada um sejam comuns a todos, respondendo por sua conservação e distribuição os que dirigem o município ou têm em mãos o governo geral do Estado. Eles acreditam solucionar o mal presente com esta transferência dos bens dos particulares para a comunidade, repartindo-os e dividindo-os de forma perfeitamente igual entre os cidadãos. Por isto se vê que o princípio socialista — segundo o qual toda propriedade há de ser comum — deve ser absolutamente rechaçado, porque prejudica aqueles que pretende socorrer, conflita com os direitos naturais dos indivíduos e perturba os deveres do Estado e a tranqüilidade comum. Fica claro, pois, que, quando se procura a maneira de aliviar os povos, o que é principal, fundamento de tudo, é isto: *deve-se* preservar intacta a propriedade privada".[9]

De acordo com a encíclica, o direito à propriedade é um direito natural que procede da generosidade divina: quando Deus concedeu a terra ao homem — diz-se —, fê-lo para que a use e desfrute sem que isto se oponha, em qualquer grau, à existência humana. Continua o documento:

"Quando Deus concedeu a terra em comum a todo o gênero humano, não quis dizer que todos os homens, indistintamente, sejam senhores dela; apenas, Deus não assinalou a nenhum em particular a parcela que deveria possuir, deixando ao esforço dos indivíduos e às leis dos povos a determinação do que cada um particularmente possuiria".[10]

O poderoso recurso da religião e da Igreja católica foi esgrimido diretamente para justificar — através da inquestionável vontade divina — a injustiça reinante sobre a terra. Deus concedera a terra a todos, mas, como a encíclica enfatiza, não o fez eqüitativamente: o esforço dos homens e suas leis responderiam, numa suposta condição de igualdade, pela repartição do mundo.

Se se entende por "terra" os dotes da natureza, com este discurso papal se consagra quer o direito à propriedade privada, quer o direito à renda da terra — e isto, precisamente, no momento em que a forma desta renda já se apresentava dominantemente como capitalista (ou seja: aquela que acom-

---

9. Idem, p. 6.
10. Idem, p. 9.

panha subordinadamente o lucro capitalista e deriva da exploração da força de trabalho assalariada). Assim, a encíclica, que data do último decênio do século passado, elude a desigualdade central que remete à exploração do proletariado e a sua incontornável brutalidade, mesmo que estas fossem tão cruas na Europa de então (como na América Latina de hoje) e mesmo que a subordinação do trabalho ao capital não só acrescesse sofrimentos centenários, mas novos padecimentos que multiplicavam as denúncias à rapacidade capitalista. Apenas trinta anos antes da divulgação da encíclica, a 14 de janeiro de 1860, um magistrado de um condado inglês, na condição de presidente de uma reunião realizada no município de Nottingham declarava:

> "... entre a população da cidade ocupada na fabricação de rendas reina um grau de miséria e indigência desconhecido no resto do mundo civilizado. Às duas, três, quatro horas da madrugada, crianças de nove a dez anos são arrancadas de suas camas imundas e obrigadas a trabalhar, simplesmente para pagar seu próprio sustento, até às dez, onze e doze horas da noite. A magreza as reduz a esqueletos, sua estatura diminui, seu rosto se degenera e todo o seu ser é tomado por uma fraqueza que horroriza... O que se pode pensar de uma cidade que organiza uma reunião pública para reivindicar que a jornada de trabalho dos adultos se reduza a dezoito horas?... Condenamos os plantadores da Virgínia e da Carolina. Mas os seus mercados de negros e os seus chicotes, o seu comércio de carne humana são por acaso mais espantosos que este lento sacrifício de homens com o único objetivo de fabricar rendas para o lucro dos capitalistas?"[11]

Este exemplo poderia ser facilmente multiplicado — e teríamos ilustrado o contexto da luta de classes em que aparecia a encíclica em questão.

A *Rerum Novarum* reconhece a desigualdade quando assinala que, mesmo depois de dividida a terra (já que a "propriedade privada está claramente conforme à natureza"), ela continua servindo à utilidade comum, porque "não há nenhum mortal que não viva do que a terra produz. Os que carecem de capital, têm seu trabalho".

Assim como a propriedade privada é um direito natural outorgado e reconhecido pela divindade, a organização do Estado e da sociedade está sujeita à vontade de Deus — por isto, quando os socialistas lutam contra o Estado, operam "contra a justiça natural". Daí que o papado levante a

---

11. *London Daily Telegraph*, 17-janeiro-1860, *apud* Marx, C. *El Capital*, t. I, p. 224.

bandeira do combate aos socialistas, porque estes atentam contra a ordem natural e, em particular, contra o supremo direito da propriedade privada — ao passo que, como propõe a Igreja na *Rerum Novarum,* o correto seria "humanizar" a ação dos proprietários, dos capitalistas.

Na *Rerum Novarum* sustenta-se, em primeiro lugar, que não haverá nenhuma solução aceitável sem o recurso à religião e à Igreja e que qualquer tentativa de resolução dos problemas deverá contar com a cooperação e o esforço "dos outros..., dos príncipes e dirigentes dos Estados, dos patrões e dos ricos e até mesmo dos proletários, de cujo destino se trata".[12] Colocando a sua proposta de solução para os males da época, a encíclica parte do seguinte:

"Seja, portanto, primeiro princípio e base de tudo: não há outra alternativa senão a de acomodar-se à condição humana; na sociedade civil não pode haver igualdade — há os altos e os baixos. Nem todos são iguais em talento, inteligência, saúde e forças; *e à necessária desigualdade destes dons segue-se espontaneamente a desigualdade na fortuna, que é claramente conveniente à utilidade, quer dos particulares, quer da comunidade".*[13]

A desigualdade não é apenas natural: é conveniente à coletividade, já que é necessária a variedade de talentos e ofícios.

Posto que a sociedade está naturalmente dividida, o problema seguinte a equacionar é o do tipo de relações que regem a vida entre estes segmentos que a divindade, nuns casos, premiou com a abundância e, noutros, condenou com a miséria. A encíclica o faz com diáfana clareza:

"Na questão que tratamos há um mal elementar: o de supor-se e pensar-se que umas classes da sociedade são, por seu caráter, inimigas de outras, como se a natureza houvesse feito os ricos e os proletários para se guerrearem numa luta perpétua".[14]

Se a natureza engendrou as classes sociais e se estas são o produto de poderes superiores, então este poder superior — representado pelo papa — pode opor-se a que exista conflito entre elas e recusar a colocação da

---
12. *Rerum Novarum,* ed. cit., p. 15.
13. Idem, p. 15-16.
14. Idem, p. 17.

realidade da luta de classes. Mas, como sabemos, as classes não são produtos naturais: resultam de formas determinadas de relação social entre os homens e, no capitalismo, das suas desiguais situações em face dos meios de produção, enquanto critério que legitima a apropriação privada do excedente socialmente produzido. A existência do salário cria a ficção de que o proletário recebe um pagamento pelo que produz, o que oculta o fato de ele só auferir a soma de meios necessários para a sua reprodução como proletário, ao passo que uma porção do produto do seu trabalho — a mais-valia — cai nas mãos do capitalista sob uma ou outra das formas que o lucro toma. Tudo cria a ilusão da igualdade: paga-se ao operário a sua jornada de trabalho, ou a força de trabalho que nela emprega, mediante o salário — já que a força de trabalho é tudo o que possui, apenas lhe é devido o salário. Conseqüentemente, os capitalistas — que detêm em seu poder os recursos e os instrumentos necessários para que a força de trabalho interaja com os objetos que se transformam no processo da produção —, legitimamente, podem reclamar todo o lucro.

Aceitas as premissas desta ficção e a socialização da ordem natural — ou seja: se se afirma que a natureza, determinando a divisão desigual da riqueza e dos talentos, estabeleceu que as classes devem viver em harmonia —, então o equacionamento que daí deriva é aquele segundo o qual todos os esforços devem dirigir-se para a unidade, já que,

> "assim como no corpo se unem membros tão diversos entre si, e de sua união resulta esta disposição de todo o ser a que bem chamaríamos simetria, também assim, na sociedade civil, a natureza ordenou que aquelas duas classes se unam, concordem e se adaptem uma à outra, de modo que se equilibrem, pois sem trabalho não pode haver capital e vice-versa".[15]

Ademais, concórdia equivale a beleza, enquanto da luta perpétua só pode decorrer a confusão e a ferocidade.

As relações conflituosas entre o capital e o trabalho, portanto, devem terminar acatando a força da religião cristã, porque só ela pode trazer o "acordo e a união entre ricos e proletários". Para que venha a harmonia e o acordo possa tornar-se uma realidade palpável, cabe ao operário

---

15. Ibidem.

"cumprir íntegra e fielmente o trabalho que livre e eqüitativamente se lhe contratou; jamais prejudicar o capital, nem exercer violência pessoal contra seus patrões; quando defender seus próprios direitos, abster-se do uso da força; nunca preparar sedições, nem participar daquelas dos homens malvados que, enganosamente, prometem muito e despertam esperanças exageradas, e a que quase sempre se seguem um arrependimento inútil e a desgraça".[16]

Como já indicamos, a mensagem papal parte da idéia de que o operário faz uso da sua liberdade ao aceitar o jugo do capital. Juridicamente isto é certo, mas se trata de uma liberdade sem opção — a única maneira de exercê-la é entregar-se ao dono do capital, que se beneficia daquela "liberdade". O capital, aliás, demanda este pré-requisito: necessita que o operário, portador da mercadoria força de trabalho, esteja livre da posse de meios de produção e liberado juridicamente de qualquer servidão, para celebrar com ele um contrato de compra e venda (força de trabalho *versus* salário) submetido totalmente às leis do mercado, ao sacrossanto jogo da oferta e da procura.

Sob estas condições, a eqüidade e a liberdade são fórmulas religiosas que nada têm a ver com as relações de exploração que se estabelecem entre o capital (defendido pela *Rerum Novarum*) e o assalariado (a quem a encíclica impõe normas de conduta).

Já que o ponto de partida da encíclica é o de que as relações entre o proletariado e os capitalistas erguem-se sobre um contrato de trabalho estabelecido livremente e eqüitativamente, segue-se logicamente a prescrição para o operário jamais prejudicar o capital, abrir mão da violência e defender-se sem recorrer à força. Quanto aos homens malvados, que enganosamente tanto prometem, trata-se de uma óbvia referência ao vigor das correntes socialistas e movimentos anarquistas da época.

O operário deveria contribuir para a conciliação de classe, aceitando disciplinadamente a sua condição de explorado e, por conseqüência, não só se negar a participar nos movimentos que pudessem atentar contra a segurança do capital, mas, mais ainda: deveria militar contra eles, especialmente contra as organizações sindicais proletárias, emergentes graças aos influxos do pensamento anarco-socialista.

---

16. Idem. p. 18.

Assim como se definem normas de comportamento para os operários diante do capital, na encíclica também se recomenda aos empresários e patrões um código de deveres para favorecer a concórdia e a conciliação entre as classes. Isto permitiria a identificação dos interesses da classe operária com os da classe capitalista, e a concórdia e a paz poderiam imperar entre "os homens de boa vontade". Para alcançar este fim, a encíclica estabelecia como deveres dos patrões:

> "Não considerar os operários como escravos, respeitar neles a dignidade da pessoa e a nobreza que esta agrega ao chamado caráter de cristão".[17]

E mais: fazer com que os operários se dediquem à piedade; não lhes impor mais trabalho que as suas forças possam suportar; dar a cada operário o que é justo, tendo em conta que oprimir os indigentes em benefício próprio e explorar a pobreza alheia para maiores lucros é contrário a todo direito divino e humano, já que

> "defraudar a uma pessoa do salário que lhe corresponde é um enorme crime, que clama vingança ao céu".[18]

Para a Igreja daquela época, a recomendação feita aos ricos tinha um sentido humanizador: que os pobres não fossem tratados como escravos, nem que lhes superexplorassem, e que o seu salário fosse oportuna e adequadamente pago. Aos ricos se tinha de inculcar os deveres de justiça e caridade; aos pobres, havia que lhes dar consolo para aceitarem a sua condição de despossuídos. Se cada uma das classes atendesse a estas recomendações, seria possível não só a amizade, mas também um "verdadeiro amor fraterno".

Estes propósitos gerais e conselhos de conduta às duas classes em conflito deveriam receber da Igreja, e de todo bom cristão, o apoio ofensivo que conduzisse à conquista do objetivo, terreno, mas supremo, de conciliação entre elas. Para este fim, dizia-se, é indispensável reformar a sociedade, restaurando as instituições cristãs, moralizar os indivíduos, criar obras de caridade para o bem-estar dos proletários e fomentar toda causa que pudesse aliviar a sua prostração e pobreza, tanto material como cultural.

---

17. Ibidem.
18. Idem, p. 19.

Contudo, para obter estes fins, "são necessários outros meios humanos" — assinalava a encíclica. Isto é: o Estado deve promover e defender o bem-estar dos operários, assim como o seu bem-estar moral. A iniciativa pessoal de patrões e operários, igualmente, poderá "fazer muito para a solução do conflito". Recomendava-se a criação de associações e outras entidades semelhantes, que permitissem atender às necessidades tanto do operário e de sua família, como da sua viúva e órfãos. Da mesma forma, socorrer acidentados, enfermos etc. Sugeria-se também a formação, por parte dos operários católicos, de suas próprias associações, assim como o estímulo a outras obras sociais.

Resumindo: a encíclica é uma clara resposta à situação da classe operária e à agudização da luta de classes. Eis como a Igreja se encontrava na urgente necessidade de fixar uma posição que reforçasse a coesão ideológica da sua hierarquia e dos seus membros. Daí que a encíclica assumisse a forma de um documento de caráter eminentemente político, tentando se constituir numa proposta articuladora da conciliação entre as classes, reafirmando a condição de exploração da classe operária e apelando à reflexão dos capitalistas e do Estado sobre os riscos morais e políticos da sua conduta voraz. A encíclica é também uma resposta ao pensamento e às propostas de ação socialistas, mediante a qual se busca colocar o discurso religioso acima das classes sociais, recorrendo à autoridade suprema da religião e fazendo um apelo para que as coisas terrenas dos homens se submetam ao poder divino. A encíclica, finalmente, traça formas de ação para as classes e o Estado e, em particular, para a própria estrutura organizativa geral da Igreja, sustentando a *colocação da reforma social* como instrumento político para enfrentar os problemas da época. A partir dela, por conseqüência, pode-se distinguir não só uma matriz ideológica, mas ainda o perfil de práticas concretas de intervenção social que, como o Serviço Social, a educação etc., iriam encontrando em suas premissas a forma e o sentido da sua orientação.

As encíclicas e, em particular, esta que comentamos, não são disposições de caráter legal a ser cumpridas sob coação. Elas se põem como programas gerais de ação que contam com o aval da estrutura orgânica da Igreja. A sua interpretação e uso concreto estão, portanto, referidos à situação imperante em cada meio particular, onde a pertinência da sua mensagem é confrontada com o movimento da realidade.

Junto às interpretações sobre as classes sociais e a origem das desigualdades entre elas, a encíclica inclui claras diretrizes de ação concreta, demandando aos católicos o reordenamento da ação assistencial sob a perspectiva formulada pela Igreja, que se propõe a si mesma o claro papel político de forjar a reforma social.

A Igreja propugna o exercício do assistencialismo sob a ótica da conciliação de classes. Assim, a sua aplicação não se reduz ao simples amor ao próximo ou ao cumprimento da vontade divina. Agora a mensagem está destinada ao cumprimento de uma função política que a Igreja católica procura desempenhar, acumulando forças segundo as condições de cada conjuntura. O seu grau de organização, disponibilidade de recursos, identidade com as classes dominantes, postura diante do Estado e do exercício do poder e influência nas camadas populares vêm a ser as novas premissas que entram em jogo. A encíclica converte-se em elemento doutrinário que reorienta o seu esquema de atuação frente às classes sociais, com a nítida intenção de introduzir uma formulação que lhe permita colocar-se à cabeça dos programas de caráter geral.

A Igreja, ademais, chegava a este ponto respaldada por toda a sua trajetória de intervenção prática, amplamente generalizada entre as grandes massas, sustentada e reproduzida pelo papel de suas camadas de intelectuais orgânicos. A encíclica papal de 1891 visava renovar a sua concepção de mundo e instaurar-se como novo guia de orientação intelectual, e, nesta medida, introduzia elementos de conflito no seio da sua própria estrutura interna. Mas a hierarquia e a sujeição à autoridade, tanto maior quanto esta provinha diretamente das mais altas esferas do poder eclesiástico, eram uma garantia de que as novas concepções de mundo, organizadas no discurso da encíclica, permeariam progressivamente todo o corpo da instituição e, através dela, o conjunto das classes sociais, nas quais a Igreja sempre teve presença.

De qualquer modo, é preciso conhecer a situação concreta que prevalecia na América Latina ao tempo da difusão da encíclica e os efeitos que teve na orientação do trabalho da Igreja — ou, o que dá no mesmo, como o clero e os leigos tomaram posições práticas em face do seu conteúdo, particularmente em sociedades onde a hegemonia e a direção cultural permaneciam em mãos de setores oligárquicos.

1.2. A "Quadragesimo Anno" e o novo apelo aos cristãos

Em 1931, a encíclica *Quadragesimo Anno* formulava o seguinte apelo aos católicos da época:

"Aos nossos muito amados Filhos eleitos para tão grande obra recomendamos... que se entreguem totalmente à educação dos homens que lhes confiamos e que nesta tarefa verdadeiramente sacerdotal e apostólica usem oportunamente todos os meios mais eficazes da educação cristã: ensinar aos jovens, instituir associações cristãs e fundar círculos de estudo.
O caminho que se deve trilhar está traçado pelas atuais circunstâncias. Como em outras épocas da história da Igreja, temos de enfrentar um mundo que, em grande parte, retrocedeu quase ao paganismo. Os primeiros e mais diretos apóstolos dos operários serão os operários mesmos... Buscar com afã estes apóstolos seculares, tanto operários como patrões, escolhê-los com prudência, concerne a vós e ao vosso clero".[19]

Nesta encíclica reafirma-se a importância da ação orientada para responder ao grande desafio do paganismo e da secularização.

Os núcleos católicos mais conseqüentes com as propostas da encíclica — entre os quais a *Ação Católica* desempenhou um importante papel — dirigiam os seus esforços guiados pelo documento papal.

No que se refere ao Serviço Social, recordemos que, em 1925, fundou-se em Milão (Itália), por ocasião da I Conferência Internacional, a *União Católica Internacional de Serviço Social* (UCISS), que compreendia duas seções: o Grupo de Escolas de Serviço Social e as Associações de Auxiliares Sociais, sendo o propósito de ambas enfatizar a necessidade e a eficiência do Serviço Social no mundo, assim como dar a conhecer a sua concepção católica e assegurar o seu avanço — o que, na prática, significou o estímulo à criação de escolas de Serviço Social em todo o âmbito de influência do catolicismo. De fato, como veremos mais amplamente nas páginas seguintes, quatro anos depois a UCISS apoiou a fundação da primeira escola católica de Serviço Social criada na América Latina, a *Elvira Matte de Cruchaga*, na capital chilena. Isto aconteceu, por outro lado, apenas

---

19. *Quadragesimo Anno*, Encíclica del Papa Pio XI, p. 75-76.

dois anos antes que Pio XI redigisse a nova encíclica (a *Quadragesimo Anno* é de maio de 1931, na comemoração dos quarenta anos da *Rerum Novarum*).

No documento, Pio XI observava que a *Rerum Novarum*

> "distingue-se particularmente das outras encíclicas por ter traçado, quando era muito oportuno e necessário, normas seguríssimas, para todo o gênero humano, para solucionar os graves problemas da sociedade, compreendidos sob a denominação de 'questão social' ".

A *Quadragesimo Anno*, pouco depois da Revolução Russa e da Primeira Guerra Mundial, e em meio à crise de 1929, desenvolve-se em tom mais radical, embora dentro do mesmo espírito da anterior.

Sem reduzir a dinâmica criativa ou de ajustamento do pensamento católico em relação à questão social ao que foi produzido ou processado pela UCISS, é indubitável que esta instituição foi não só um centro de aplicação e difusão da doutrina romana, como também um espaço privilegiado para balanços e conclusões e, pois, fonte de inspiração e não apenas reflexo passivo das ratificações e mudanças que, sobre a problemática, sofreu a doutrina católica. Vale dizer: o próprio Serviço Social da época, europeu e latinoamericano, não é somente, em parte, resultado de uma proposta da Igreja, mas ator e autor da gênese do novo pensamento social cristão, como depois o seriam — em grau e amplitude superiores — os próprios partidos políticos de cariz cristão.

Com efeito, a partir de 1925, a UCISS realizou um profícuo trabalho, sempre em estreita relação com a hierarquia católica, recebendo e difundindo, processando e aplicando a mensagem social da Igreja. Entre suas atividades, destacam-se os eventos nos quais se colocava em debate o trabalho profissional do assistente social católico. Um exemplo disto foi a sua V Conferência Internacional, celebrada em julho de 1935, em Bruxelas (Bélgica), com a participação de 550 congressistas e representantes de 20 países dos 5 continentes. O tema do encontro foi "O Serviço Social como realizador da nova ordem cristã"[20] — e, da perspectiva que o tempo nos

---

20. Pizante Filha, M. *Evolução Histórica do Serviço Social. Informações Bibliográficas*, p. 9. A VI Conferência da UCISS foi celebrada em Lucerna (Suíça), em setembro de 1947, sob o tema "O Serviço Social e os grandes problemas da hora atual". Em 1950, a VII Conferência teve lugar em Roma (Itália). Em 1954, a VIII Conferência reuniu-se em Colônia (Alemanha).

fornece hoje, bem poderíamos dizer que o que se debateu foi "a ordem cristã como realizadora do Serviço Social", pois agora podemos compreender que ambos os temas correspondem a lados complementares da mesma moeda.

O próprio Pio XI, na *Quadragesimo Anno*, reconheceu e salientou a importância do trabalho dos intelectuais e dos profissionais católicos na elaboração da doutrina social da Igreja e, embora sem fazer menção à UCISS ou aos assistentes sociais, é possível deduzir que na genérica referência ambos se incluíam:

> "Não é de surpreender... que, sob a direção e o magistério da Igreja, muitos homens doutos, eclesiásticos e seculares, se consagrassem empenhadamente no estudo da ciência social e econômica. Deste modo... surgiu uma verdadeira doutrina social da Igreja, que esses homens eruditos..., cooperantes da Igreja.... estimulam e enriquecem dia a dia com inesgotável esforço... como claramente o demonstram as tão proveitosas e celebradas *escolas instituídas em universidades católicas,* em academias e seminários..."[21]

Mas os eruditos e os peritos leigos não só podem colaborar no enriquecimento teórico da doutrina social da Igreja como, segundo Pio XI, é indispensável que colaborem na sua aplicação à sociedade reproduzindo-se e organizando-se, e que, a partir do seu trabalho, inserido na *Ação Católica,* influam na formação dos seus outros "filhos":

> "Ademais, estamos convencidos... de que este fim [o bem comuml se alcançará com tanto maior êxito quanto maior seja o número daqueles dispostos a contribuir com sua perícia técnica, profissional e social, e também... quanto maior seja a importância concedida à aplicação dos princípios católicos não certamente pela Ação Católica [que não se permite a si mesma atividade propriamente sindical ou política] mas por parte daqueles nossos filhos que esta mesma Ação Católica formar naqueles princípios ..."[22]

Novamente sem pretender que a referência à "perícia técnica, profissional e social" seja dirigida exclusivamente, ou principalmente, aos assistentes sociais, é claro que nesta passagem da encíclica se pode reco-

---

21. *Quadragesimo Anno,* ed. cit., p. 11, parágrafos 19 e 20.
22. Idem, p. 50, parágrafo 96.

nhecer o apelo de Pio XI à *Ação Católica* para que forme, sob seus princípios, os assistentes sociais, da mesma maneira como o deve fazer com outros "valiosos cooperantes", a quem o papa louva:

> "Mereceis, pois, todo o louvor, assim como todos estes valiosos cooperantes, clérigos e seculares, que nos dão alegria com a sua participação convosco nos afazeres cotidianos desta grande obra. São os nossos amados filhos inscritos na Ação Católica que compartem conosco, de maneira especial, o cuidado com a questão social, que compete e corresponde à Igreja enquanto instituição divina. A todos exortamos, uma e outra vez com o Senhor, para que não eludam trabalhos e nem se deixem vencer por dificuldades, mas que a cada dia sejam mais fortes e robustos (cf. Dt 31,7). Certamente que é muito árduo o trabalho que lhes propomos; conhecemos muito bem os numerosos obstáculos e impedimentos que se lhes opõem nas classes superiores e inferiores da sociedade, obstáculos que há que vencer. Mas não desanimeis: é próprio de cristãos enfrentar duras batalhas, como bons soldados de Cristo (cf. Tim 2-3) que suportam os mais pesados trabalhos."[23]

Deste modo, assim como antes foram os clérigos os encarregados da "beneficência diária" — lembrados por Leão XIII na *Rerum Novarum* —, ou das prefigurações do Serviço Social (como diríamos nós), assim também agora deverão ser os assistentes sociais católicos, entre outros profissionais leigos, os que assumam na prática o "cuidado com a questão social", acrescentando-lhe ao espírito caridoso a perícia técnica — os que assumam militantemente as "duras batalhas" e os "mais pesados trabalhos". Eis como a caridade, o messianismo, o espírito de sacrifício, a disciplina e a renúncia total passam a ser parte constitutiva dos aspectos doutrinários e dos hábitos que acompanharam o surgimento da profissão sob a perspectiva católica, e não só por autodefinição interna, mas por um desígnio vaticano.

Ao lado destes elementos doutrinários, mobilizadores e coesionadores, a mensagem da Igreja, através da *Quadragesimo Anno,* enfatizou também a recuperação dos aspectos técnicos para a eficiência do trabalho assistencial, chamando ao estudo, o que resultou especialmente renovador na América Latina, onde se fez necessário que a Igreja estimulasse diretamente a criação de centros de formação superior incumbidos de difundir os conhecimentos requeridos para superar as limitações técnicas do trabalho artesanal tradicionalmente voluntário.

---

23. Idem, p. 73, parágrafo 140.

Mas esta técnica, por outro lado, não supõe apenas o trânsito do pré-científico ao científico (se é que tal trânsito realmente se operou); implica ainda a passagem de uma prática inspirada em premissas senhoriais a outra, mais proximamente ligada às exigências da ordem burguesa, mesmo que ela fosse mediada em cada país pelas distintas leituras feitas dos textos oficiais (religiosos ou não) pelas diversas classes e frações de classes no interior das cambiantes correlações de poder através das quais manipulam seus interesses. O assistencialismo, exercido a partir da iniciativa da Igreja e do estímulo decisivo das grandes senhoras da época, adquiriu uma nova dimensão, ao se converter em profissão. Para o seu desempenho agora se fazia preciso um ciclo de treinamento que colocava os estudantes — a maioria deles procedente das camadas burguesas ou oligárquicas — em contato com uma formação sistemática e com o conhecimento de algumas disciplinas. Destarte, passou a ser uma exigência o manejo de certos instrumentos técnicos para o cabal exercício da atividade, ao mesmo tempo em que — e este é um aspecto de especial relevância —, mediante o trabalho, os profissionais reforçavam a sua fé católica.

Eis como — salvo poucas exceções —, dentro de uma estratégia de renovação e do estabelecimento de alianças com setores de classe emergentes com a consolidação das relações de produção capitalistas, a Igreja católica teve um papel decisivo no período da criação de escolas de Serviço Social em nosso continente. Esta tarefa concreta foi cumprida como parte da estratégia de se erigir em produtora dos intelectuais orgânicos de que a sociedade de então carecia.

Evidentemente, não se deve entender que a Igreja dedicou-se ao objetivo da reforma social, desencadeando processos unicamente parametrados por inspirações divinas. As consequências das reorientações na sua estratégia de ação, das quais as duas encíclicas referidas são apenas uma amostra, tiveram obviamente efeitos bem palpáveis na reprodução das relações de produção ou, nalguns casos, serviram para fortalecer e consolidar a sua legitimação. A ideologia da conciliação de classes, da moralidade e da educação familiar, do repúdio aos conflitos e da busca de harmonia, enquanto inculcada no povo por meio da ação evangelizadora ou como parte de programas específicos de ação social patrocinados pelo Estado, repercutia diretamente no curso das lutas de classes e na configuração do proletariado como classe.

Travar a organização operária para propiciar a harmonia era vantajoso para os capitalistas e prejudicial aos operários, numa época em que a jornada de trabalho era de 12 ou 14 horas, em que o campesinato era proletarizado a ferro e fogo, em que os trabalhadores das minas e das grandes plantações estavam submetidos a condições bárbaras. Realizada com profunda fé religiosa e dedicada caridade ao próximo, a distribuição de alimentos, de roupas, remédios, leite para crianças etc. dava lugar — objetivamente — ao barateamento da força de trabalho operária ou, no mínimo, ao bloqueio da luta reivindicatória por uma melhoria do seu preço, com o conseqüente proveito essencial para os donos do capital e do poder.

Outras campanhas, rotuladas com embalagem moral, incidiam particularmente na manutenção e reforço da família, significando— sob o véu de um cumprimento dos mandatos divinos— a reprodução de homens que ficariam à mercê do capital. O associativismo, recomendado muito especialmente pela *Rerum Novarum,* tomando a forma das *caixas de socorro e ajuda mútua,* serviu em larga medida para que os próprios operários assumissem os custos da sua reprodução, deixando assim duplamente obscurecida a responsabilidade correspondente ao Estado e aos capitalistas.

Quando a *Rerum Novarum,* que foi um instrumento de trabalho para a Igreja da época, declara que "pouco importa ao operário fazer-se rico com a ajuda da associação, se, à falta de alimento próprio, sua alma corre o risco de danarse",[24] fica evidente a forma (por trás do véu profundamente religioso) como se desarma objetivamente o proletariado, como se lhe retira a possibilidade de defender-se da opressão capitalista e como se criam as melhores condições para que os capitalistas consolidem o seu poder e o seu domínio de classe — não só contando com a repressão estatal ou com a sujeição que se estabelece na produção, mas com a ajuda eficaz conferida pela assimilação, por parte do proletariado, de modos de pensar e de viver que são estranhos à sua classe, inculcados por variados meios, entre os quais a ação dos assistentes sociais, cujos *métodos e técnicas de intervenção profissional,* à época, ajustavam-se plenamente a estes propósitos desmobilizadores.

Entretanto, o ajustamento procurado pela Igreja teve de ser dinâmico, como mutável e diferenciada se foi tornando a problemática do seu objeto. Daí que a necessidade de eficiência acarretasse uma progressiva renovação e ampliação

---

24. *Rerum Novarum,* ed. cit., parágrafo 76.

dos procedimentos e técnicas propostos para o tratamento da questão social e que, paralelamente àquela procura, o Serviço Social definisse o seu perfil profissional numa crescente aproximação a campos de aplicação específicos e a dimensões cada vez mais abrangentes da realidade social, embora permanecesse como dominante o enfoque do social a partir da individualização ou da singularização fragmentária.

A modernização, que significava para o Serviço Social a ocupação de um lugar no esquema da educação superior — como veremos no próximo capítulo —, ademais, teve um impacto particular, pois o reconhecimento social que alcançou proporcionou-lhe uma base nova e mais ampla para a sua ação. As tarefas específicas podiam ser as mesmas — distribuição de alimentos, roupas — ou similares; no entanto, o que importa e interessa precisar é o contexto histórico das relações sociais em que se inseriam, tendo em conta que a fundação de escolas de Serviço Social coincide com um período em que, no continente, as relações de produção capitalistas iam, cada vez mais, subsumindo no seu influxo as formas subsistentes da antiga ordem.

Vale dizer: a doutrina oficial da Igreja pôde aplicar-se nestes termos precisamente porque as condições históricas prevalecentes no continente assim o exigiam. Ou seja: porque no desenvolvimento da luta de classes estavam presentes frações classistas dominantes aptas para assimilar a proposta católica, entendendo-a como fórmula apropriada para atenuar os males sociais. Era notável o enraizamento e a influência da Igreja, apesar das mudanças nas relações de produção derivadas do avanço capitalista. Com o seu novo discurso, a Igreja sincronizava-se aos novos tempos, militando na causa do capitalismo harmonioso. Naturalmente que a sua proposta incidiu no cenário social e sobre as próprias classes populares, que perderam a sua perspectiva específica, envolvidas pela influência ideológica centralizada pela doutrina da conciliação de classes e da reforma social.

Capítulo III
A Igreja Católica e a Formação das Primeiras Escolas de Serviço Social na América Latina

1. Formação profissional e Igreja no Chile: o caso das primeiras escolas

Vejamos agora mais detidamente como foi a gestação das primeiras escolas de Serviço Social, em que contexto teve lugar e que papel desempenhou a Igreja católica neste processo. Comecemos pelo Chile.

Nos anos vinte, aparecem novos grupos sociais na vida chilena. Resultaram das profundas mudanças na economia do país.

O movimento operário, que já se manifestara firmemente desde finais do século passado, conquistou um espaço proeminente na sociedade chilena. E sob o estímulo dos movimentos operários e populares, notavelmente influenciados pelas idéias socialistas e anarco-sindicalistas, tem lugar uma mudança no sistema político, orientada à democratização do país e à elevação das condições de vida dos setores que lutam por um campo de ação para o seu desenvolvimento autônomo e pela institucionalização das suas demandas.

Em 1920, Arturo Alessandri, representando as camadas médias e enfrentando a oligarquia, encabeçou um movimento reformista que triunfou nas eleições daquele ano. Mas o reformismo de Alessandri não cumpriu as suas principais promessas eleitorais e conciliou com os setores oligárquicos. Sob o seu mandato, instaurou-se no Chile o terreno para que diversas demandas operárias ficassem incorporadas à institucionalidade do Estado.

Enquanto Alessandri se manteve no poder, equilibrando-se na contradição entre as forças mais conservadoras e o movimento popular, a classe operária experimentou significativo crescimento em sua organização e consciência. Apesar da tenaz resistência dos conservadores ao longo de três anos, Alessandri conseguiu que sua proposta de um Código do Trabalho, apresentada ao Congresso em 1921, fosse aprovada pelo Senado, entre outras razões pela pressão de jovens militares. Com este código, o Estado comprometia-se a regular as relações de trabalho, ficando consagrado, por sua vez, o direito do protesto operário.

A política reformista de Alessandri era incômoda, e ele foi derrubado, em setembro de 1924, por uma junta militar, que, afinal, teria uma vida efêmera no poder. Com efeito, meses depois os alessandristas e setores da juventude militar substituíam o general Luis Altamirano pelo mesmo Arturo Alessandri que, então, se colocou como uma de suas tarefas mais imperativas a aprovação de uma nova carta constitucional, que foi finalmente sancionada em setembro de 1925. A instabilidade reinante no Chile, à época, impediu que esta Constituição entrasse imediatamente em vigência.

Na história chilena, toda a década de vinte está marcada como um período de severa crise institucional e contínuos protestos. À breve interrupção do governo de Alessandri, que culmina com sua volta ao poder, sucedem diversos eventos que acentuam a instabilidade — e Alessandri abandonou o cargo três meses antes da conclusão do seu mandato. Substituiu-o Emilio Figueroa, que governou por pouco tempo, cedendo lugar ao coronel Ibañez, designado presidente a 27 de maio de 1927. Contudo, o regime, acuado por uma onda de protestos e pelas graves conseqüências da crise de 1929, foi derrubado por um levante geral em 1931. Um único dado pode servir como referencial do impacto da crise: a produção de salitre, produto fundamental da exportação chilena, foi, em 1920, de mais de três milhões de toneladas; em 1933, caiu a pouco mais de quatrocentas mil toneladas.

69

As linhas anteriores, mesmo que só referidas às sucessões presidenciais, deixam entrever a instabilidade que peculiarizou a história chilena da época.

Porém, como dissemos, o período citado é de grandes mudanças na sociedade do Chile, orientadas à reorganização da base produtiva do país e, por conseguinte, à alteração das relações entre as classes sociais. Fator fundamental neste processo é uma disciplinada classe operária, de clara definição socialista e anarquista. A sua ativa presença política é que explica tanto a emergência de um governo como o de Alessandri (1921) como a *sui generis* tentativa socialista erguida contra a "canalha dourada", em 1932, que durou doze dias e que caiu graças aos militares que seguiram Marmaduque Grove. Esta etapa de turbulência prosseguiu até o mês de outubro, quando, depois de a Corte Suprema convocar eleições, Arturo Alessandri foi novamente escolhido presidente.

Fiquemos por aqui — embora, é claro, a intensidade da luta de classes não tenha cessado com o retorno de Alessandri, assim como o caráter repressivo da sua gestão não travou o ascenso das forças socialistas no país, ascenso que haveria de influir na história do Chile. O que desejamos com esta aproximação histórica tão breve é apenas evocar o contexto de efervescência social no interior do qual se funda, no país, em 1925, a primeira escola de Serviço Social.

Aqui, como em outros casos, o fator preponderante para a profissionalização do Serviço Social está no papel da classe operária e outros setores populares. Sob a sua incessante combatividade, a sociedade chilena foi progressivamente sacudida e as classes dominantes, através do Estado, impelidas a acolher as suas exigências e aspirações. Neste sentido, a burguesia chilena é pioneira, ao institucionalizar diversas reivindicações populares e operárias no seio do direito burguês.

Esta institucionalização gerou uma legislação que obrigava, a partir — mas não exclusivamente — do Estado, à busca de respostas aos angustiantes problemas de previdência social, habitação, condições de trabalho, saúde pública, salariais etc., todos objetos de reivindicações da classe operária. Existia, pois, na base das respostas organizadas pelos aparelhos estatais, um movimento real que impunha condições muito precisas à reação da burguesia a partir do Estado. O componente de um vigoroso movimento de massas, intransigente na defesa dos seus direitos, influindo nas configurações políticas que visavam o poder, foi — como sugerimos — um elemento de significação decisiva.

A fundação da primeira escola de Serviço Social em 1925 e, pouco depois, da Escola Elvira Matte de Cruchaga se inserem no quadro político que esboçamos. A história interna da profissão será melhor compreendida à medida que se esclareça o contexto global em que estas primeiras escolas foram criadas.

A escola fundada por Alejandro Del Río tem uma origem mais ligada à ação do Estado. Como se sabe, a Junta Central de Beneficência de Santiago enviou Del Río à Bélgica, para conhecer os centros de formação acadêmica daquele país. O resultado desta viagem foi uma série de contatos em virtude dos quais René Sand visitou o Chile e teve decisiva influência na materialização das inquietudes do médico chileno.

A legislação aprovada em 1924 trouxera à tona diversas exigências de adequação das entidades estatais e para-estatais às múltiplas demandas que a própria legislação consagrava. Recordemos que, então, foram aprovadas leis referentes à previdência social, ao seguro operário obrigatório, à habitação popular, ao direito de greve, à sindicalização legal, à proteção do trabalho infantil e feminino.[1] O seguro operário, entre outros direitos, garantia subsídios para os períodos de doença e pensões por invalidez e velhice. Naquela legislação, em suma, colocavam-se nitidamente — a partir do conteúdo dos dispositivos legais — várias necessidades de adequação dos aparelhos estatais, bem como de profissionais de formação diferenciada, para que pudessem atender ao crescimento da intervenção estatal no campo da assistência social. Del Río teve o mérito de encontrar uma resposta — mesmo que parcial —, ao criar uma escola para formar profissionais destinados a complementar o trabalho do médico.

Em relação às primeiras escolas de Serviço Social — tanto as chilenas quanto as de outros países —, cabe ainda uma observação sobre a sua origem, pois na constituição destes centros de estudos colocam-se em jogo duas estratégias, em muitos casos complementares: de um lado, a iniciativa do Estado (ou vinculada a ele), e, de outro, a da Igreja católica e seus aparelhos conexos. No que se refere à escola fundada por Del Río, a sua origem está mais próxima da esfera das necessidades de expansão estatal. A sua fundação inscreve-se numa etapa de aguda luta de classes, de incansável combatividade operária, de sérias dificuldades fiscais e de crise no Estado

---

1. Diaz, Luis e outros. *Servicio Social: Análisis Histórico e Interpretativo.*

para a elaboração de um definido projeto das classes dominantes. Trata-se — como vimos — do período em que, por conseqüência da correlação de forças existente, a classe operária impõe a incorporação, pelo direito burguês, de algumas das suas demandas, o que, por seu turno, desencadeia uma complexa gama de exigências de adequação estatal a estas mudanças.

No caso chileno, a Igreja não esteve ausente do processo constitutivo do Serviço Social e nem poderia estar ausente. A marca da sua presença já estava gravada ali desde tempos remotos, já que, como ocorreu em outros países, por muitos anos fora ela a principal promotora das obras de caridade e difusora permanente do seu pensamento e da sua doutrina e, portanto, campo onde fecundaram as protoformas do Serviço Social. Se a primeira escola católica chilena de Serviço Social foi fundada depois da primeira escola laica, isto não quer dizer que só a partir da criação do seu centro de formação a Igreja decidiu intervir neste terreno. Sem dúvida, ela tinha precedência na assistência social, exercendo-a sob arraigada inspiração religiosa, com os seus agentes operando um apostolado que sustentava inúmeras "obras de misericórdia" com os vultosos recursos de que dispunha.

1.1. A primeira escola católica chilena de Serviço Social

A organização da Escola Elvira Matte de Cruchaga, a partir de 1929, responde a motivações diversas. Obedeceu ao interesse da Igreja em criar um centro católico ortodoxo para a formação de agentes sociais adequados às mudanças sofridas pela sociedade chilena, buscando responder aos estímulos concretos e práticos que lhe impunha a luta de classes, assim como a uma estratégia de continentalização da influência católica na criação de escolas de Serviço Social.

Duas ordens de razões nos levam a examinar os primeiros anos da Escola Elvira Matte de Cruchaga. De um lado, identificar o efeito que a sua ação teve sobre o Serviço Social chileno, uma vez que todas as atenções estiveram voltadas para a escola fundada pelo Dr. Del Río (1925); de outro, destacar o papel irradiador que a escola exerceu diante do continente, e que foi possível porque seu influxo encontrou terreno favorável nos diferentes países para os quais se dirigiu — como o comprovam os casos, entre outros, do Uruguai, do Peru e do Brasil.

A Escola Elvira Matte de Cruchaga foi fundada por Miguel Cruchaga Tocornal, homem público que exerceu, entre outros cargos, o de Ministro de Relações Exteriores e o de Presidente do Senado.[2] Graças à sua gestão, a escola recebeu um subsídio estatal que custeou parte dos gastos derivados dos trabalhos acadêmicos e das obras sociais. O simples fato de um homem público como Cruchaga Tocornal promover a criação da escola já é eloqüente acerca dos respaldos de que esta dispunha desde os seus primórdios.

A organização da escola (1929) esteve entregue às Senhoritas Rebeca e Adriana Izquierdo, que contavam com o apoio da Senhora Louise Joerissen, que, anos depois, teria singular influência na formação da escola similar peruana. A Sra. Joerissen foi diretora da Escola de Serviço Social Católica de Munique e esteve à frente da instituição chilena até 1933, quando foi substituída por Rebeca Izquierdo.

A formação desta escola católica suscita algumas indagações a que tentaremos dar resposta. Por que teria sido necessária a sua criação se, poucos anos antes, Del Río fundara outra? Não seria possível reforçar a primeira iniciativa? Que motivações operavam nesta duplicação de esforços?

A formação da Escola Elvira Matte de Cruchaga inscreve-se no contexto dos interesses globais da Igreja católica, que procurava colocar-se à frente do conjunto do movimento intelectual para recuperar o seu papel de condutora moral da sociedade. Comprimida entre o pragmatismo burguês e o "ateísmo" socialista, a Igreja redobrava a sua ação nos terrenos mais diversos, renovando os seus intelectuais orgânicos e dotando-os dos instrumentos de intervenção requeridos pelo momento.

A Igreja se via impelida — e aqui radica o novo caráter da assistência social — a situar-se no interior da questão social emergente com a modernização capitalista. Tratava-se de atender não mais às vítimas das pestes ou aos semi-libertos de uma ordem social ainda não depurada, mas de voltar os olhos para os que suportavam as conseqüências de uma ordem que mercantiliza a força de trabalho, redefine a família, promove concentrações urbanas, incorpora ao salariato a mulher, origina novas doenças etc.

O projeto da nova escola representava para a Igreja uma tentativa de responder — de forma complementar e não antagônica — à criação da

---

2. O Sr. Cruchaga Tocornal, por muito tempo, foi o presidente do Conselho da escola; a vice-presidência era exercida pelo Mons. Carlos Casanueva.

escola de Del Río. É certo que ambas compartilham uma base doutrinária comum, como o atesta — entre outros aspectos — o estreito laço com o Serviço Social belga. Mas há diferenças.

A iniciativa de Del Río parte de motivações sumamente específicas, inseridas no campo de interesses da profissão médica. Como se sabe, e o próprio Dr. Del Río se encarregou de explicitá-lo, o "assistente social deveria ser um subtécnico incumbido de colaborar diretamente com o médico". Por mais que o perfil original da profissão, esboçado pela primeira escola chilena, se colocasse sobre uma base doutrinária católica, o seu trabalho prático tinha um marco de ação bastante delimitado, pois, quase por definição, situava-se nos contornos da profissão médica.

A Escola Elvira Matte de Cruchaga, ao contrário, desde o primeiro momento cobriu o amplo espaço da questão social. Não se autodefiniu limitando-se a nenhum campo específico da intervenção profissional. Segundo as suas organizadoras, a escola visava

> "... a formação de visitadoras sociais católicas, que desenvolvam as suas atividades à base de uma verdadeira caridade cristã; visitadoras que não só cuidem do aspecto material dos seus assistidos, mas que se dediquem com amor a tratar também das suas almas (. . .). Baseando-se nestes princípios, a Escola concebe o Serviço Social mais que como uma simples profissão — concebe-o como vocação, para a qual são tão necessários os conhecimentos técnicos como o amor. Portanto, o fim colimado pela Escola é conseguir formar visitadoras que, onde forem, levem a paz, transmitam alegria, ofereçam segurança e confiança, abrindo o seu coração a todos os que necessitam de ajuda e de orientação. Tais visitadoras hão de ser as mais alegres, tolerantes e compreensivas, as mais inteligentes e as mais amáveis de todas as mulheres que se entreguem a este trabalho. Hão de ser sadias de alma e corpo, já que deverão comunicar esta saúde e esta força aos que nunca as tiveram ou aos que delas se vêem privados pelas vicissitudes da vida".[3]

Merecem algum destaque certos elementos contidos no ideário da escola. Em primeiro lugar, salta à vista a ênfase dada ao aspecto vocação — diz-se-nos: concebe-se o Serviço Social "mais que como uma simples profissão". O componente da entrega incondicional, do espírito de sacrifício,

---

3. Escuela de Servicio Social Elvira Matte de Cruchaga, in *Memoria... 1930-1940*, p. 7-8.

do afã por cuidar tanto do corpo quanto da alma humana, que por tanto tempo acompanhou a profissão até quase como sua espinha dorsal, este componente recebe uma claríssima formulação. Mas — e este é um segundo elemento a tomar na devida conta — não se trata mais de um serviço de cariz sobretudo paliativo, para propiciar alegria, transmitir confiança, orientação e ajudar; a formulação enfatiza a necessidade de uma aproximação à ciência e à técnica. A prática a que se poderia denominar artesanal, dependente da moral e da "saúde" da visitadora social, produto de sua origem de classe burguesa e de sua correspondente educação familiar, bem como de suas virtudes cristãs, aquela prática deveria combinar-se com a ciência e a técnica para resultar num desempenho eficaz.

Quanto à mulher, resgata-se como aspiração legítima o seu direito ao trabalho, à diferença de outros centros de formação. No Peru, por exemplo, por muito tempo a mulher foi visualizada na sua condição de esposa, e qualquer desenvolvimento pessoal passava .pelo seu caráter de mãe e gerente do lar.

Junto à mística e à renúncia, existia também na formulação da escola um intento de compreensão mais global dos vetores que determinavam a desigualdade de classes na sociedade chilena, inserindo a assistência social nesta problemática:

> "São necessárias — dizia-se — pessoas que cooperem para que, dentro da sociedade, se estabeleça uma ordem de maior justiça social, que permita a melhoria efetiva das classes pobres. Para tanto, requer-se ciência e abnegação, caridade e técnica. Ciência que oferece a compreensão dos problemas sociais e indica os meios para remediar os males; caridade, que dá o estímulo à ação desinteressada e generosa".[4]

Não pretendemos sugerir que estas preocupações eram estranhas à escola de Del Río. Facilmente se depreende que também para esta se dava um esforço de aproximação aos problemas mais candentes enfrentados pelo país à época. De qualquer forma, os objetivos da Escola Elvira Matte de Cruchaga lhe conferiam uma mais ampla margem de ação, como veremos adiante.

---

4. Idem, p. 10.

Ademais, havia outro fator ponderável: na escola de Del Río, embora a direção estivesse a cargo de uma assistente social européia (ao longo da sua primeira década de existência), a sua condução real, dada a influência prática, estava nas mãos dos médicos.

A Escola Elvira Matte de Cruchaga representou não só uma possibilidade diversificada de ação profissional, mas também um centro de educação especializado que definiu a sua fisionomia a partir do Serviço Social católico — com decisiva influência européia, é certo — e onde membros ilustres da burguesia puderam desenvolver as suas mais arraigadas convicções doutrinárias.

Um outro aspecto central de diferenciação é o caráter confessional da segunda escola em relação à primeira:

"Desde a sua fundação — diz-se —, desde o início das suas atividades, a Escola Elvira Matte de Cruchaga está em constante conexão com a Ação Católica, de que é obra auxiliar. Sua diretora é, desde julho de 1932, membro da Junta Nacional. (...) Depois da formação cristã e metafísica a que tende todo o clima e a educação da Escola, em todas as suas disciplinas, as ex-alunas já formadas integram a Associação de Visitadoras Sociais do Chile; ali se unem numa comunidade espiritual de aperfeiçoamento e apostolado as visitadoras sociais católicas, num grupo da Ação Católica assessorado pelo Revmo. Bispo de Talca, Mons. Manuel Larrain E. Este grupo profissional deve manter nas associadas o espírito da fé e da caridade cristãs, bem como a sua vinculação à Hierarquia da Igreja no campo do seu apostolado, espargindo a suavidade da autêntica caridade de Cristo no coração dos pobres assistidos".[5]

Sem dúvida, este não era o caráter da escola fundada em 1925. No entanto, mesmo guardadas as distâncias — a Escola Elvira Matte de Cruchaga, criada por leigos, vinculava-se diretamente ao apostolado oficial da Igreja —, o fundamental era que ambas as escolas se punham como instrumentos funcionais à defesa, ao resguardo e à reforma do regime de classes vigente.

Por outra parte, o Conselho Diocesano de Instrução Primária nomeou a subdiretora da Escola Elvira Matte de Cruchaga, Srta. Adriana Izquierdo, membro do seu Diretório, na qualidade de representante do Serviço Social. Em 1936, a Junta Nacional da Ação Católica e a Comissão Episcopal enco-

---

5. Idem, p. 45-46.

mendaram à escola a organização do Secretariado de Obras de Caridade e Ação Social, para coordenar e direcionar as obras católicas. Em 1939, ao se constituir a Seção Econômico-Social da Ação Católica, o seu Conselho Diretivo investiu desta responsabilidade a escola e designou Adriana Izquierdo para a chefia do Departamento de Assistência. Quanto à Srta. Rebeca Izquierdo, diretora da escola, foi nomeada delegada do Conselho Nacional de Educação da Ação Católica pelo Vigário Apostólico de Araucanía, Revmo. Guido de Ramberga. Igualmente, a mesma personagem foi nomeada membro do Departamento de Propaganda da Seção Econômico-Social da Ação Católica e técnica do seu setor de Ação Social Agrícola, ficando ainda sob sua responsabilidade a redação da revista *Siembra y Cosecha*.[6]

Assim, pode-se verificar o enlace entre a escola e a hierarquia católica, bem como com outras entidades católicas — enlace estreito, a partir do qual se torna difícil traçar uma nítida linha divisória entre elas. Evidentemente, outra era a situação da escola de Del Río, mesmo que — como indicamos — houvesse complementaridade entre as duas agências de formação. É que a Igreja tinha necessidade de organizar um Serviço Social à medida das suas próprias exigências.

Mas — insistamos novamente — a criação desta primeira escola católica obedeceu a uma dupla racionalidade: de um lado, responder às demandas que uma sociedade em mutação colocava à Igreja e à sua intelectualidade; doutro, exercer o papel de promotora internacional do Serviço Social católico. Vejamos rapidamente este segundo aspecto.

Sob este prisma, a Escola Elvira Matte de Cruchaga é um projeto destinado à organização dos leigos, pugnando por uma formação profissional para a assistência social plenamente coincidente com os ditames da religião católica. Sustentamos como hipótese de trabalho que a sua criação foi uma espécie de trampolim para a Igreja católica na organização do Serviço Social latino-americano. Sua criação está intimamente vinculada à influência internacional da Igreja, em torno da qual se condensam múltiplos elementos de uma estratégia que transcende largamente as fronteiras dos propósitos específicos para que foi fundada. Ela ilustra — em troca — o emprego de uma renovada racionalidade religiosa orientada à

---

6. Ibidem.

recuperação da lesionada hegemonia católica numa cena social em processo de mudança. Convém indagar, pois, sobre o papel protagonizado pela Igreja nas origens da profissão, indagando que tipo de marca ela inscreveu em sua história.

Desta relação básica entre Igreja e profissão procede uma característica ainda atual do Serviço Social: a sua sempre presente dimensão continental.[7] A Igreja conferiu ao Serviço Social uma base orgânica continental. Ela era o único poder terreno de alcance capaz para estimular — de forma quase articulada — escolas com esta perspectiva. A sua influência se manifesta em duas vertentes principais: a que se expressa indiretamente na formação de escolas estatais e a que se dá na formação de escolas sob sua direta gestão. Em muitos casos, como o da escola de Del Río, a fundação do centro de formação se deu sob o signo estatal; contudo, nem por isto a iniciativa esteve isenta da poderosa inspiração religiosa de organizadores, docentes e alunos. Recorde-se, a propósito, o traço confessional dos profissionais europeus que vieram à América e dirigiram tantas escolas. Os centros superiores católicos tiveram na Igreja um ativo respaldo para estender uma rede internacional de relações. Esta rede, em princípio, não concernia ao Serviço Social, mas à Igreja como tal: neste sentido, o papel desempenhado pela Ação Católica Internacional foi muito eloqüente. Em troca, as escolas mais ligadas ao Estado tiveram limitações para a sua expansão e influência no continente (o que se reduziria posteriormente, através da OEA) e, inclusive, uma projeção desta natureza era alheia às preocupações dos aparelhos de Estado dos países latino-americanos, então debilmente integrados.

Este papel difusor desempenhado pela Igreja possibilitou-lhe o fortalecimento de uma tendência de vasto alcance latino-americano, mediante a expansão de uma "ideologia profissional" em função da qual se produziram inúmeros intercâmbios. Anos depois, papel semelhante seria cumprido por organismos como a ONU e a OEA, derivando daí uma crescente secularização do Serviço Social.

---

7. No Serviço Social, pelos mais diversos motivos, houve e há um ativo fluxo de relações entre profissionais de países diferentes — como o demonstram, aliás, os constantes eventos internacionais, publicações, vários aspectos do conteúdo essencial da profissão etc.

1.2. A formação da visitadora social na Escola Elvira Matte de Cruchaga

O eixo principal do Serviço Social propugnado pela Escola Elvira Matte de Cruchaga residia na sólida formação do profissional. Nisto, combinaram-se dois fatores: os antecedentes da postulante e a formação oferecida durante o curso. Deve-se mencionar ainda a ligação das ex-alunas com o seu centro de estudos.

Nas escolas de Serviço Social e, especialmente, quase sem exceção, nas escolas católicas, estabeleceram-se rigorosos requisitos para a admissão das alunas. Na Elvira Matte de Cruchaga, eles eram os seguintes: ter 21 anos completos e menos de 35; atestado médico de boa saúde; antecedentes probatórios de honorabilidade e recomendação paroquial; bom aproveitamento nos estudos fundamentais de ciências humanas; apresentação de um texto manuscrito, contendo um resumo da sua história pessoal. A prática que orientava a seleção diferia conforme os casos, mas se direcionava sempre segundo um óbvio elitismo, de modo que quase só as "damas da sociedade" conseguiam preencher tais requisitos — e isto sem mencionar as taxas de matrícula e, ainda, todas as provas de uma sólida educação religiosa.

A seleção era sumamente rigorosa, quase como se tratasse do ingresso numa entidade religiosa. Cumpridos todos os requisitos, que configuravam uma estrita triagem, a postulante ainda se defrontava com as vagas reduzidas e o ciclo de provas.

Segundo a própria Escola Elvira Matte de Cruchaga, com tudo isto se buscava aplicar a seguinte fórmula do papa Pio XI:

> "Para que a escola se adeqüe aos decretos da Igreja, não basta que ela forneça instrução religiosa; é necessário que todo o ensino e toda a organização, professores, programas, livros e demais atividades estejam dirigidas pelo espírito cristão". [8]

Sob esta orientação, elaborou-se um plano de estudos de três anos de duração, alternando-se cursos teóricos e atividades práticas. Durante os dois primeiros anos, os semestres de inverno eram dedicados aos estudos teóricos; os de verão, às práticas. No terceiro ano, fazia-se trabalho prá-

---

8. Pio XI. "Encíclica sobre a Educação Cristã da Juventude", citada in Memoria..., p. 13.

tico e preparava-se a tese para opção pelo título de Visitadora Social, outorgado pela Universidade Católica do Chile. Neste período final, seis meses eram voltados para a prática no Escritório Central de Serviço Social da escola.

O programa, entre outros cursos fundamentais, compreendia os seguintes: religião, psicologia, pedagogia, sociologia, economia social, assistência social, legislação social, direito, instrução cívica, anatomia e fisiologia, higiene privada e pública e ética profissional. Destacavam-se, nos chamados ramos práticos: tratamento de caso social individual, encaminhamentos jurídicos, técnicas de escritório e estatística, contabilidade, primeiros socorros, cuidados domiciliares a doentes, puericultura, nutricionismo, trabalhos manuais, exercícios de oratória. Os cursos práticos incluíam nutricionismo, corte e costura e puericultura.

Como se verifica, há uma ênfase importante nos cursos relacionados à saúde. O fato é explicável pela incidência que tinham então os problemas derivados das péssimas condições de salubridade resultantes do reordenamento capitalista da economia e da sociedade, bem como os antecedentes que aproximavam o Serviço Social e a Enfermagem — aliás, a própria influência européia contribuiu para tanto.[9]

Deste modo, ainda que a Escola Elvira Matte de Cruchaga não estivesse sob o influxo direto da profissão médica, existiam antecedentes históricos, uma base material e um mercado de trabalho que dirigiam a profissão para os problemas da saúde ou da higiene públicas.

Esta mesma tendência (embora obviamente sincronizada à realidade de cada país) esteve também presente nos casos do Peru e do Brasil. De 25 cursos diferentes lecionados na Escola de Serviço Social do Peru (plano de estudos de 1938),[10] sete estavam conectados à salubridade e à higiene; no caso das práticas, a vinculação era igualmente estreita. Com efeito, um número significativo das ex-alunas da Escola de Serviço Social do Peru foi recrutado por Manuel Salcedo Fernandini, docente e diretor do Instituto da

---

9. Em Buenos Aires, desde 1924 se ministrava um curso de Visitadoras de Higiene Social, no Instituto de Higiene da Faculdade de Ciências Médicas; o titular do curso, Dr. Alberto Zwank, posteriormente teria grande influência na criação da Escola de Serviço Social. Cf. Alayon, N. *Hacia la Historia del Trabajo Social en Argentina*. p. 116.
10. Recorde-se que a ESSP foi criada em 1937.

Criança, para trabalhar nesta última instituição.[11] Além disso, no exemplo peruano, ocorreu uma polêmica em que se constata a procura de uma diferenciação do Serviço Social em face de outras profissões. Observa Maguiña:

"No plano de estudos original, notamos também que em 1938 ainda não se tinha alcançado uma plena diferenciação entre o campo das assistentes sociais, das enfermeiras e das nutricionistas... (...) Sabemos também que, à época, as enfermeiras eram adestradas em algumas técnicas ou modalidades de trabalho características da assistência social. Existiam, por exemplo, as enfermeiras visitadoras, ou visitadoras sanitárias, e por isto não foram pouco freqüentes as superposições e os conflitos profissionais"[12]

Não nos interessa atentar para este aspecto que, como sugerimos, motivou intensas discussões; para os nossos interesses, basta observar o grau em que a preocupação com a saúde — na mais ampla gama da sua problemática — incidia significativamente nos primórdios do Serviço Social.

Referência semelhante pode ser feita para a Escola de Serviço Social de São Paulo, Brasil, fundada em 1936. Entre os campos de atuação de assistentes sociais formados pela escola paulista nos anos 1947-1949 figuram os seguintes:

---

11. Cf. Maguiña, A. *Desarollo Capitalista y Trabajo Social.*
12. Idem.

81

Quadro 1

	1947		1949	
	Abs.	%	Abs.	%
1. Serviço Social Médico	23	23.0	32	24.0
2. Indústria	19	19.0	28	21.0
3. Escolas de Serviço Social	11	11.0	16	12.0
4. Assistência Familiar	11	11.0	12	9.0
5. Educação Popular	9	9.0	2	2.0
6. Menores	8	8.0	21	16.0
7. Coordenação de Obras Sociais	8	8.0	8	6.0
8. Segurança Social	5	5.0	5	4.0
9. Comércio	3	3.0	-	-
10. Procuradoria de Serviço Social	3	3.0	2	2.0
11. Intercâmbio Internacional	-	-	1	1.0
12. Serviço Social Rural	-	-	4	3.0
Total	100	100.0	131	100.0

Fonte: Informes da Escola de Serviço Social de São Paulo, *apud* Carvalho R., *Aspectos da História do Serviço Social no Brasil (1930-1960)*, p. 203-204, em Iamamoto, Marilda e Carvalho, Raul. *Relações Sociais e Serviço Social no Brasil*, ed. Cortez-CELATS, São Paulo, 1982.

Na listagem, há um predomínio do Serviço Social médico que, não obstante, vai cedendo o passo a esferas de atuação tais como o Serviço Social na indústria e nas escolas de Serviço Social, que absorviam parte dos seus egressos, já que estavam numa etapa de crescimento.

Retornando à Escola Elvira Matte de Cruchaga, o seu Escritório Central de Serviço Social anexo, criado em 1936, classifica da seguinte maneira o trabalho realizado entre aquele ano e 1940:

Quadro 2

Anos	1936	1937	1938	1939	1940 (1º sem.)	Totais
Visitas domiciliares	599	9.567	18.978	16.982	9.657	55.683
Dias de atendimento ao público	68	1.054	1.258	1.657	616	4.653
Pessoas atendidas nestes dias	289	7.792	8.399	13.436	3.645	33.561
Encaminhamentos religiosos	40	594	1.474	754	381	3.242
Casamentos	—	30	26	27	29	112
Batismos	—	23	27	28	4	82
Encaminhamentos educacionais	28	295	441	459	225	1.648
Centros de mães	15	106	296	396	79	892
Pessoas atendidas nestes centros	12	591	3.833	5.689	1.908	12.033
Matrículas escolares	—	129	127	118	145	519
Encaminhamentos jurídicos	129	3.723	5.792	4.109	2.937	16.690
Casamentos civis	—	45	79	63	48	235
Legitimações	—	89	133	45	26	293
Inscrições	—	350	705	423	249	1.727
Encaminhamentos econômicos	128	2.198	2.942	4.790	1.696	11.754
Colocações	—	13	36	45	48	142
Encaminhamentos médicos	100	2.068	4.169	5.163	2.628	14.128
Hospitalizações	—	110	171	169	97	547
Visitas hospitalares	—	772	1.577	1.883	1.249	5.681
Entrevistas	—	—	315	696	798	1.809
Primeiras comunhões	—	7	16	9	—	32
Encaminhamentos militares	—	1	132	40	41	214
Encaminhamentos culturais	25	29	36	28	22	140
Encaminhamentos informativos	—	481	2.154	3.752	1.400	7.787
Encaminhamentos vários	44	58	765	224	32	1.123

Fonte: *Memoria...* cit., p. 23.

Note-se também que as rubricas referidas a problemas médicos (Hospitalizações, Encaminhamentos Médicos e Visitas Hospitalares) alcançam um total de 20.356 no período indicado, mostrando a incidência que tinham tais assuntos no conjunto de problemas enfrentados pelo Escritório citado. É claro que o quadro apresenta dados agregados e heterogêneos, que não permitem uma identificação melhor das intervenções efetuadas — cifras globais referenciadas a "visitas domiciliares" ou ao número "de pessoas atendidas" inflacionam o total de intervenções que não são discriminadas.

Segundo dados oferecidos pelo mesmo Escritório, 6.828 levantamentos realizados no mesmo lapso em duas propriedades rurais indicam que os principais problemas encontrados foram:

Quadro 3

Anos	1936	1937	1938	1939	1940 (1º sem.)	Totais
Problemas médicos	183	1.849	1.844	686	149	4.711
Problemas econômicos	122	3.396	2.836	3.117	1.443	10.914
Problemas educacionais	35	742	378	224	129	1.508
Problemas religiosos	43	302	242	235	144	966
Problemas jurídicos	51	1.788	1.048	1.456	524	4.867
Problemas higiênicos	67	8.843	5.446	4.896	1.896	21.148
Problemas morais	70	801	445	235	81	1.632

Embora estas cifras se refiram a problemas encontrados em área rural (correspondendo, pois, a uma realidade distinta da urbana), novamente ressalta a significação dos problemas médicos e higiênicos, que, junto com os econômicos — é possível inferir que se tratam de restrições derivadas de limitações salariais, já que os levantamentos se fizeram em propriedades rurais onde imperavam relações capitalistas de produção —, representam 80,36% das questões identificadas. Os problemas médicos e higiênicos, sozinhos, chegam a 56,51%, ainda que os primeiros, em 1939 e no semestre inicial de 1940, tenham se reduzido notavelmente.

Assinalemos previamente, contudo, que estas cifras procedem de uma experiência bastante peculiar, uma vez que se trata da informação acumulada por um Escritório anexo à escola e, portanto, não refletem com fidelidade o que ocorria nos centros de trabalho estatais ou privados onde as visitadoras sociais egressas da escola prestavam os seus serviços. Apesar disso, e feita a reserva, cabe dizer que as cifras revelam — a partir do ângulo da sua experiência — importantes indícios da sociedade chilena da época.

No *Quadro 2*, três rubricas sucedem aos problemas médicos em termos de relevância: os Encaminhamentos jurídicos (16.690), os econômicos (11.754) e os religiosos (3.242). É compreensível que, em se tratando de uma escola católica, o seu Escritório Central de Serviço Social enfatizasse especialmente a ministração de sacramentos e os serviços próprios da mesma esfera de interesses. A importância dos assuntos jurídicos e econômicos sintomatiza claramente uma nova ordem na qual as determinações sociais começam a atribuir um novo caráter à intervenção da visitadora social. Talvez não existisse, nestes profissionais, uma clara consciência da racionalidade subjacente aos problemas mais recorrentes e, provavelmente, seu próprio discurso refletia de modo desfocado a realidade em que se moviam; mas não há dúvida de que a sua prática dava lugar a uma abertura mais definida para o desenvolvimento da ordem burguesa.

De resto, as práticas no Escritório citado permitiam uma aprendizagem profissional que logo seria levada ao terreno de trabalho nas instituições que, ulteriormente, incorporariam as visitadoras sociais.

Agora, ainda que brevemente, vejamos — dada a sua importância — como este Escritório se houve nos papéis que cumpriu. Eram três as suas finalidades principais. Primeira, "desenvolver e estabelecer o Serviço Social no país (...), as novas técnicas do trabalho de ajuda e educação das classes operárias, dando a oportunidade do aproveitamento dos seus serviços às instituições sem chance de possuir um Serviço Social próprio e independente".[13] Segunda, oferecer aos estudantes uma formação prática consoante com os planos escolares, sob controle direto da escola. Terceira, estudar sistematicamente as condições sociais dos diferentes grupos e promover, concretamente, a melhoria da situação das classes necessitadas, indicando medidas particulares "que possam ser tomadas em determinados casos ou medidas de ordem geral, como leis ou regulamentos".[14]

Noutras palavras, com este Escritório, estabelecido em outubro de 1936, a Escola Elvira Matte de Cruchaga colocava-se como tarefa — aportando técnicas novas — contribuir para o desenvolvimento do Serviço Social,

---

13. *Memoria...* cit., p. 20.
14. Idem, p. 19.

especificamente no que se relacionava à ajuda e à educação das classes operárias. Ademais, este desenvolvimento estava articulado a um interesse por ampliar o mercado de trabalho da profissão. Há que se destacar, ainda, o papel atribuído ao estudo sistemático da realidade, orientado à "melhoria da situação das classes necessitadas", como também a preocupação em colaborar com a legislação do país.

Surge aqui um importante elemento de diferenciação em face de formas anteriores de assistência social. A escola em pauta, reconhecendo o papel mediador do Estado para normativizar as relações entre o capital e o trabalho, reordenou a intervenção profissional partindo desta compreensão da função das visitadoras sociais que, por sua proximidade e conhecimento dos problemas sociais, teriam condições para sugerir leis ou regulamentos. Já não se está mais na época em que a Igreja reservava exclusivamente para si — com o auxílio das camadas sociais dominantes — áreas da assistência social; há, na perspectiva desta escola, um esforço para conquistar uma funcionalidade no interior das relações entre as classes, propondo soluções aos problemas desde o ângulo do Estado.

Prova do intercâmbio ativo com o poder foi a solicitação feita à Escola Elvira Matte de Cruchaga, pelo Governo, em 1935, para que estudasse a situação salarial a fim de que se introduzissem mudanças pertinentes. O trabalho foi realizado pelas visitadoras sociais e suas conclusões foram consideradas de grande utilidade. Nos anos mais duros da crise, a referida escola recebeu do Governo a tarefa de colaborar na assistência a milhares de desempregados.

Com efeito, o elevado número de operários lançados ao desemprego deveu-se, entre outras razões, a que o Governo se viu compelido a interromper os seus planos de obras públicas, que empregavam a cerca de 80.000 pessoas. Não existindo no país o seguro desemprego, este enorme contingente ficou, subitamente, ao inteiro desamparo. Diante da dramática situação, o Governo começou a agir através do Ministério de Bem-Estar e sua Inspetoria Geral do Trabalho, procurando equacionar a crise do emprego, da habitação e da alimentação.

Nesta cruzada participou também a Igreja, e o seu Administrador Apostólico, Mons. Horacio Campillo, recomendou a organização de *sopas para os pobres* em todas as paróquias, instando aos ricos que "tomassem sob a sua proteção e amparo pelo menos um pobre".

Dada a magnitude do problema, em julho de 1931 o Governo criou o Comitê Central de Ajuda aos Desempregados, que passou a ser presidido, conjuntamente, pelo Ministério de Bem-Estar e pelo Arcebispado de Santiago. Logo depois, as autoridades da Inspetoria Geral do Trabalho dirigiram-se às escolas de Serviço Social existentes, solicitando a sua colaboração. A resposta da Escola Elvira Matte de Cruchaga foi imediata e, em seguida, um numeroso grupo de estudantes e docentes lançou-se à ação. As visitadoras sociais desenvolveram múltiplas atividades. Participaram, por exemplo, do cadastramento de desempregados, organizando, para tanto, um sistema de registro (deste trabalho, participou ainda a Escola de Serviço Social da Beneficência). Igualmente, elas foram muito ativas no ordenamento das *sopas*, situando-as nos diferentes bairros e contribuindo na confecção e distribuição dos cartões de racionamento.

"As visitadoras observavam diariamente a distribuição das *sopas*, a fim de receber novas solicitações, atender às reclamações e providenciar o que se relacionasse ao aumento de famílias, mudanças etc. Ademais, deviam procurar as pessoas que, por qualquer motivo, não compareciam à distribuição. Quanto ao resto do tempo, utilizavam-no em visitas e em trabalhos no Escritório da escola."[15]

Por outro lado, elas também se ocupavam com os agudos problemas derivados da falta de habitações — quando era possível, assumiam as tarefas de procurar casas. Toda esta atividade, a que se denominou Serviço Social de Emergência e não Serviço Social apenas, ilustra a rapidez com que a Escola Elvira Matte de Cruchaga respondia a situações deste tipo e como o Governo recorria a ela na certeza de encontrar uma ampla colaboração.

Em 1932, a Intendência de Santiago empreendeu uma campanha contra a "mendicância e a vadiagem infantis" — e a Escola Elvira Matte de Cruchaga teve a sua participação convocada. A sua subdiretora foi investida no cargo de tesoureira da Sociedade Protetora do Lar, instituição criada no curso da citada campanha.

O Escritório Central de Serviço Social da Escola teve como chefe de serviço, por alguns anos, a visitadora social Margarita Stappf, egressa da

---

15. Idem, p. 88.

escola e que, ademais, estudara na Alemanha. O Escritório contava com nove visitadoras em tempo integral e dezoito alunas estagiárias. Cada visitadora supervisionava duas estudantes. Entre 1936 e 1940, o Escritório atendeu ao público em sua sede e em sucursais que, pouco a pouco, consolidada a sua instalação, passavam a depender das instituições que as abrigavam.

O funcionamento deste Escritório foi, sem dúvida, decisivo para criar uma ativa demanda para as diplomadas pela escola. A rigorosa seleção, os exigentes estudos, a sólida formação religiosa e as práticas no Escritório constituíam excelentes cartas de apresentação para as exalunas. E contavam muito, obviamente, as fluidas relações com as diversas instâncias de poder, que abriam para as diplomadas os caminhos do mercado de trabalho.

Em 1940, este era o quadro de alocação ao trabalho de profissionais da Escola Elvira Matte de Cruchaga:

Quadro 4

	Centros de Trabalho	Santiago	Províncias
A. Caixa de Seguro Operário			
1. Policlínicas *Mãe e Filho*	31	9	22
2. Central de leite	1	1	
B. Serviços de Proteção Infantil			
1. Patronato Nacional da Infância	11	11	
2. Conselho da Criança	6	4	2
3. Oficinas de Aprendizado[1]	1	1	
C. Arcebispado de Santiago e Institutos Religiosos			
1. Auxílio Social Cristão	2	2	
2. Damas Protetoras de Operário	1	1	
3. Refúgio do Amor Misericordioso	1	1	
D. Serviços de Assistência Jurídica e Direção Geral de Proteção a Menores			
1. Ordem dos Advogados	5	4	1
2. Abrigo de Menores	1	1	
3. Direção Geral de Prisões	2	2	
4. Lar Camilo Henriquez	1	1	

E. Instituições Armadas			
1. Escola de Aviação	1	1	
2. Fábrica do Exército	1	1	
3. Guarnição	1		2
4. Regimento Maturana[2]	1	1	
F. Municipalidades[3]	9	5	4
G. Assistência Rural[4]	18		18
H. Serviços Administrativos			
1. Ferrovias do Estado	4	1	3
2. Direção Geral de Esgotos e Águas Pluviais	1	1	
3. Direção Geral de Correios e Telégrafos	1	1	
4. Direção Geral de Pavimentação[5]	1	1	
5. Empresa de Água Potável	2	2	
I. Empresas Particulares[6]	19	18	11
J. Escola Elvira Matte de Cruchaga	14	14	
L. Serviços Policlínicos	4	4	
Total	150		

1. Uma mesma visitadora social trabalhava aqui e no Auxílio Social Cristão.
2. O Escritório Central tinha a seu cargo um centro de trabalho.
3. Três centros a cargo do Escritório Central.
4. Dez centros a cargo do Escritório Central; uma mesma visitadora trabalhou em três destes centros.
5. Uma visitadora social do Escritório Central.
6. Sete visitadoras sociais do Escritório Central.

Como já assinalamos, uma das principais áreas de atuação das profissionais foi a da saúde. A seu lado, adquiria crescente importância o Serviço Social nas empresas. Como se verifica, o quadro reflete o predomínio da atuação em Santiago; nas províncias, boa parte do trabalho se desenvolvia no setor agrário.

As teses aprovadas pela escola, a partir dos primeiros formandos de 1932, também revelam o peso específico que as problemáticas mencionadas tinham na seleção dos temas de estudo pelas estudantes.

Quadro 5
Número de teses apresentadas entre 1932 e 1940

Ano	Número	Ano	Número
1932	13	1937	14
1933	11	1938	19
1934	11	1939	34
1935	14	1940	22
1936	11		

Entre as primeiras teses (1932) observa-se uma marcada freqüência de temas relativos aos cuidados com os menores, ao trabalho da Igreja na assistência social e ao estudo do significado da criação da escola, bem como a necessidade de criar novas técnicas de intervenção. De fato, duas pessoas que depois teriam um papel importante na história da Escola Elvira Matte de Cruchaga apresentaram suas teses neste ano: a Srta. Rebeca Izquierdo — ulteriormente, diretora da escola — estudou a "Fundação e Desenvolvimento da Escola Elvira Matte de Cruchaga" e a Srta. Adriana Izquierdo tematizou "A Organização da Ajuda aos Desempregados e a Participação da Escola Elvira Matte de Cruchaga".

Nos anos subseqüentes, nota-se uma diversificação nos campos de interesse e, em particular, destaca-se o tratamento de temas relacionados com as problemáticas operária e rural, familiar, do menor e da saúde,[16] bem

---

16. Para dar uma idéia mais aproximada, mencionamos alguns títulos de teses correspondentes a estes anos: *1933* — Centros Operários de Instrução, Previsão de Acidentes de Trabalho, Mãe Operária, Habitações Operárias, O Bem-Estar da Família Operária, A Mulher Diante das Leis Chilenas, O Serviço Social e a Paróquia; *1934* — Alimentação Operária em Valdívia, A Visitadora Social e a Luta contra a Tuberculose, O Serviço Social no Escritório Jurídico, Diário de Trabalho da Fábrica de Cimento *Melón,* A Menor Abandonada no Chile, O Trabalho da Mulher a Domicílio, A Legislação Social no Chile; *1935* — O Trabalho da Criança nas Profissões Ambulantes, Desorganização da Família Operária no Chile, A Legislação Chilena sobre Acidentes de Trabalho, A Mulher Operária Diante das Leis Sociais, O Serviço Social e o Sindicato Industrial, A Mulher na Indústria, Salário Familiar no Chile, Alcoolismo; *1936* — A Família e seus Problemas, Trabalho no Conselho de Defesa da Criança, Reconstrução do Lar Operário, O Operário na Cidade de Temuco, Serviço Social na Cia. Sul-Americana de Navegação, Investigação das Causas da

como com os assuntos profissionais do Serviço Social. Em todos, ressalta a incidência atribuída ao proletariado e sua situação. Junto aos temas sobre condições de trabalho e salário, alinham-se aqueles sobre a família operária, o seu tempo livre, a legislação trabalhista, a condição dos operários agrícolas, os acidentes de trabalho etc. É ainda perceptível a busca de um perfil profissional próprio para a intervenção nas empresas.

Por outro lado, alguns anos depois da sua fundação, a Escola Elvira Matte de Cruchaga organizou as chamadas "Semanas de Estudos", orientadas, segundo a instituição, para "o aperfeiçoamento técnico e espiritual das visitadoras formadas". Referindo-se a elas, uma ex-aluna dizia:

"Compreendo o enorme interesse que tem para todas as visitadoras esta Semana, mas considero que, para nós, visitadoras das províncias, ela é uma necessidade imperiosa, que nossa Escola soube responder sabiamente".[17]

Miséria, Prática na Fazenda *El Melón*, O Desfrute das Férias Operárias; *1937* — O Problema da Criança Tuberculosa Incurável, Serviço Social Rural no Chile, Centros Maternais, O Serviço Social num Centro do Seguro Operário Obrigatório, Centros Culturais nas Ferrovias do Estado, Problemas Gerados entre os Operários pela Indústria e sua Solução por meio do Serviço Social, Situação do Operário na Cidade de Antofagasta, Trabalho Eventual, Divórcio e Separação Conjugal; *1938* — O Aproveitamento das Horas Livres, o Serviço Social no Campo, A Vida do Operário em *La Serena, Chiguayante* e seus Operários, O Trabalho da Mulher Casada fora do Lar, Importância da Alimentação do Camponês, Serviço Social e Acidentes de Trabalho nas Minas de *Schwager*, A Habilitação do Operário Agrícola, Assistência à Mãe e à Criança na Primeira Infância, Serviço Social nas Ferrovias do Estado, Salário e Orçamento Familiar, Organizações Operárias, Caixas Econômicas, A Mulher Camponesa, Serviço Social numa Empresa Construtora, Importância do Serviço Social nas Paróquias; *1939* — Assistência a Flagelados pelo Terremoto, A Criança Camponesa, Orientação Profissional, Estudo Social das Condições dos Pescadores, O Trabalho da Mulher, O Trabalho dos Menores, Moralidade e Enfermidade Infantil, O Camponês em *La Serena,* Serviço Social e Assistência em Uma Fazenda; *1940* — A Alimentação do Camponês, A Empregada Doméstica e seus Problemas, Horas Livres do Operário, Colocação Familiar, Assistência à Mãe e Filhos e a Lei n.° 4.054, A Criança e o Lar, O Operário e seus Problemas, O Tuberculoso e a Lei de Medicina Preventiva em Valdívia, Cuidados da Caixa do Seguro Operário aos Flagelados do Terremoto de Janeiro de 1939, Centros Maternais: sua criação, Proteção Geral aos Menores no Chile, O Trabalho Feminino, Possibilidades de Educação do Operário Chileno. Cf. op. cit. na nota 1, p. 27 e s.
17. *Memoria...,* op. cit., p. 47.

E outra:

> "Semana de estudo, semana de aperfeiçoamento técnico e científico, semana de expansão das nossas almas — é o que representa esta estadia em Santiago, que nos faz regressar cheias de entusiasmo e dispostas a trabalhar em prol de nossos belos ideais oportunamente rejuvenescidos, mantendo o nosso idealismo".[18]

O número de profissionais que se incorporou a estas "Semanas" foi crescendo. Nelas, compartilharam-se experiências de trabalho e se propuseram novos métodos de ação. A experiência prática das visitadoras merecia um tratamento especial e da sua discussão aproveitavam tanto as participantes quanto as próprias encarregadas da escola. Nestas jornadas — freqüentemente realizadas uma vez ao ano —, apontavam-se recomendações específicas que, no ano seguinte, eram reavaliadas, com a análise da sua prática.

Com estes eventos regulares, a Escola Elvira Matte de Cruchaga mantinha um contato permanente com as suas ex-alunas, conhecia o seu desempenho profissional, assimilava as experiências que selecionava como valiosas para a sua aplicação pedagógica e reforçava o idealismo e o espírito religioso das suas egressas.

O programa destas Semanas era elaborado à base de sugestões das visitadoras e, na sua realização, se combinavam a apresentação de trabalhos das visitadoras com conferências ministradas por destacados especialistas.

Os temas mais freqüentemente tratados eram, como seria de esperar, os relacionados com a assistência às mães e às crianças, previdência e higiene, problemas operários, Serviço Social e educação popular, Serviço Social de emergência, bem como uma atenção especial às questões profissionais, em seus aspectos técnicos, morais e religiosos.

Os conferencistas convidados para estas jornadas eram profissionais que, em geral, ocupavam importantes cargos em instituições que demandavam o trabalho das visitadoras: autoridades políticas, docentes universitários, per-

---

18. Ibidem.

sonalidades de influência no interior do laicato católico ou membros da hierarquia da Igreja.[19]

Nas salas da escola, naquelas jornadas, estiveram importantes personalidades políticas e eminentes intelectuais católicos da época. A presença destes convidados devia exercer notável impacto sobre as visitadoras sociais e, talvez mais que suas palavras — ou tanto quanto estas —, o peso de seus cargos ou a sua autoridade moral reforçava o compromisso daquelas, a sua formação profissional e a manutenção de uma permanente relação com a escola. Contribuiu também para o desenvolvimento das referidas jornadas a Associação das Visitadoras Sociais do Chile, criada em 15 de maio de 1933, e cuja principal finalidade era zelar pelo exercício da profissão segundo os princípios católicos.[20]

1.3. A influência internacional da Escola de Serviço Social Elvira Matte de Cruchaga

Atrás fizemos menção à importante influência exercida pela escola que estamos estudando no que diz respeito à formação de escolas católicas de Serviço Social no continente. Seguramente por ser a primeira delas, foi a escolhida pela *União Católica Internacional de Serviço Social,* a UCISS já referida, com sede em Bruxelas, como um centro privilegiado de operações — aliás, a escola filiou-se à UCISS desde os seus primeiros anos de existência. Em 1938, ela se tornou o foro do Secretariado da UCISS para a América Latina.

---

19. Entre os conferencistas, figuram: Dr. Luis Calvo Mackenna, médico-chefe do Patronato Nacional da Infância; Dr. Carlos Maldonado, médico-chefe da Caixa do Seguro Social Operário; Dr. Eduardo Cruz Cocke, Ministro da Saúde; Dr. Héctor Orrego P., médico-chefe do Serviço Social de Tuberculose da Caixa do Seguro Social Operário; Sr. Júlio Philippi Y., presidente da Liga Social do Chile; o religioso Emilio Tagle, pároco de San José de la Estrella; e o Dr. Eduardo Frei M., depois Presidente da República, que dissertou sobre os fundamentos cristãos do Serviço Social.
20. Esta foi a primeira associação deste gênero que se filiou à UCISS e, desde o seu nascimento, enviou delegadas a encontros internacionais (como os Congressos de Serviço Social de Londres, Bruxelas e Roma).

O objetivo da UCISS era propiciar a difusão do Serviço Social católico

"... e relacionar as diferentes obras e pessoas que nele militam através de publicações, conferências e congressos. A UCISS é o centro de orientação e direcionamento das experiências que se realizam em distintos países e hão de servir como estímulo e guia para o futuro desenvolvimento do Serviço Social católicos".[21]

A Escola Elvira Matte de Cruchaga recebeu da UCISS a tarefa de fomentar o Serviço Social católico na América Latina. Inicialmente, sua atividade consistiu no envio de cartas e prospectos sobre a escola. Rapidamente, isto deu frutos e, em finais de 1935, esteve em Santiago Hortensia de Salterain, que desejava criar uma escola em Montevidéu (Uruguai). Depois de uma estadia em que se familiarizou com a organização da escola, regressou a seu país e fundou um Comitê Organizador que, avançando em seu trabalho, convidou a Srta. Rebeca Izquierdo para colaborar na concretização da iniciativa. Esta viajou a Montevidéu em fevereiro de 1937, só retornando a Santiago depois de auxiliar Else Peeremboom — profissional alemã contratada especialmente para este fim — na assunção da direção da escola então criada (Peeremboom, indicada pela UCISS, fora diretora da Escola de Serviço Social de Friburgo, na Alemanha).

Contudo, a fundação da escola uruguaia não resultou apenas de contatos com a Elvira Matte de Cruchaga — ainda que tais contatos tivessem sido de fundamental importância. Numa comunicação remetida ao Reitor da Universidade Católica do Chile, o Comitê Diretivo da escola de Montevidéu informava:

"Há três anos, logo que surgiu entre nós a idéia de fundar uma escola católica de Serviço Social similar à que Don Miguel Cruchaga tão generosamente criou em Santiago, recebemos o estímulo desinteressado e sábio desta escola. (...) A Providência, que permanentemente nos favorece, permitiu que Don Miguel Cruchaga Tocornal nos visitasse em dezembro passado e, inteirando-se dos nossos propósitos, nos oferecesse a possibilidade da vinda da diretora da sua escola para nos orientar nos primeiros passos que, graças a esta colaboração, deram resultados definitivos..."[22]

---

21. *Memoria...*, op. cit., p. 57.
22. Idem, p. 58.

Poucos anos depois de sua fundação (1937), a direção da Escola de Montevidéu foi assumida por Augusta Schroeder, profissional graduada na Alemanha, passando a subdireção a Hortensia de Salterain que, como vimos, desempenhou papel importante na gestação deste centro de estudos.

Imediatamente depois da sua viagem a Montevidéu, a Srta. Izquierdo dirigiu-se a Buenos Aires (Argentina), para promover ali a criação de uma escola católica de Serviço Social. Teve ótima acolhida, especialmente por parte do Cardeal Luis Copelo, que se mostrou receptivo à idéia. Em 1940 organizava-se, na capital argentina e sob a direção do cardeal, a Escola Católica de Serviço Social, contando com todo o apoio de sua congênere chilena.[23]

Na Colômbia, a formação da escola católica surgiu do entusiasmo de María Carulla, que igualmente manteve estreita colaboração com a Elvira Matte de Cruchaga. A cooperação foi permanente, como o reconheceu Carulla:

> "Não temos como agradecer a toda a bondade e o carinho com que vocês nos brindaram. Permita-nos Deus que algum dia possamos manifestar com feitos, e não só com palavras, a gratidão que nos une".

Em 1939, a Elvira Matte de Cruchaga acolheu a Srta. Alicia Baena, aluna do terceiro ano da escola colombiana, para que ela se familiarizasse com o funcionamento do Escritório Central de Serviço Social.[24]

No Peru, a Escola de Serviço Social foi criada em 1937. Na sua gênese, teve papel central a esposa do Presidente Oscar A. Benavides, que, desde 1934, solicitara a cooperação da Elvira Matte de Cruchaga. Foi justamente uma ex-diretora desta que assumiu a direção da escola peruana, logo que foi fundada.

---

23. Recorde-se que, em 23 de junho de 1930, fundara-se em Buenos Aires a Escola de Serviço Social, subordinada ao Museu Social Argentino. Na iniciativa foi decisiva a ação do Dr. Alberto Zwank, seu primeiro diretor. De acordo com o presidente do Museu, Dr. Tomás Amadeo, a escola tinha fins industriais, beneficentes, previdentes e desinteressadamente culturais. Cf. Alayón. Op. cit., p. 154.

24. Por seu turno, a colombiana Inés Baena de Fernández foi a promotora e primeira diretora da Escola Polivalente de Visitadoras de Higiene, criada no Paraguai em 1939. Segundo os planos originais, esta instituição também formaria, posteriormente, visitadoras sociais.

Também a escola da Venezuela esteve na órbita da Elvira Matte de Cruchaga Foi por sugestões desta que a responsável por sua fundação, a Srta. Inés Ponte, procurou uma profissional suíça para dirigir o novo centro de estudos.

Embora a primeira escola cubana só surgisse anos depois, o dinamismo das lideranças da Elvira Matte de Cruchaga repercutiu na ilha caribenha, dando lugar ao entusiasmo de um grupo de pessoas que assim se manifestou:

"Recebemos a sua informação sobre a necessidade de uma escola católica de Serviço Social em nossa pátria. Desde então, não paramos de trabalhar, buscando apoio para o nosso projeto. (. . .) Temos recebido, cremos que por indicação de vocês, folhetos e material de propaganda da UCISS".[25]

Desconhecemos as razões que respondem pelo atraso na formação da escola cubana, mas a referência acima é prova eloqüente da existência de uma grande legião latino-americana vinculada pelo poder da religião católica e em busca de um reordenamento apoiado por aparatos como a UCISS e a própria escola chilena, cuja influência não conhecia distâncias ou fronteiras. A sustentação doutrinária desta influência, calçada no "grande reino de Deus", irradiava uma ideologia e reforçava as bases materiais de um poder que — segundo cada caso — operava ao lado dos pobres para reafirmar a hegemonia das classes dominantes.

Resumindo os resultados do seu dedicado trabalho, as responsáveis pela Elvira Matte de Cruchaga assinalavam:

"Em dez anos, já temos um grupo de oito escolas católicas: Santiago, Montevidéu, Rio de Janeiro, São Paulo, Lima, Bogotá, Buenos Aires e Caracas. Somos a verdadeira força, no total das dez escolas de Serviço Social existentes na América do Sul. Esperamos que o Senhor ajude os nossos esforços para estender aos demais países americanos os benefícios do Serviço Social católico"[26]

Esta citação contém um elemento probatório das nossas afirmações anteriores. Assevera-se: "Somos a verdadeira força, no total das dez esco-

---
25. Memoria... Op. cit, p. 61.
26. Idem, p. 62.

las de Serviço Social existentes na América do Sul". Pouco importa aqui o número indicado; o que importa é remarcar a atuação da Igreja católica através dos leigos. E, ainda, evidencia uma motivação particular que distingue a Elvira Matte de Cruchaga da escola de Del Río, a qual, certamente, nunca incorporou a seus planos o desenvolvimento de projetos de tão amplo alcance.

Naquelas rápidas palavras está admitida a busca de um espaço para a ação dos leigos católicos e, portanto, para todo o aparelho eclesiástico, que tentava novas respostas para um mundo em pleno processo de mudança. Cabia à Igreja — a partir do seu ponto de vista particular — ser a força moral orientadora deste processo, ser o justo meio que direcionasse o destino da humanidade com o seu discurso caritativo e bondoso, com a entrega incondicional de seus militantes, evitando — tanto quanto possível — que o cientificismo e o pragmatismo burgueses, ou o ameaçador "materialismo" socialista, se colocassem como alternativas ao evangelho católico.

Além das múltiplas gestões que efetuou no continente, promovendo a fundação de escolas católicas, a Elvira Matte de Cruchaga desenvolveu outras importantes atividades de alcance internacional. Em julho de 1935, na V Conferência Internacional da UCISS, celebrada em Bruxelas, apresentou um trabalho sobre "O Desenvolvimento do Serviço Social no Chile". Na VI Conferência, em Londres, em 1936, informou sobre "A Comunidade Rural no Chile e o Serviço Social". O expositor foi o embaixador chileno na Inglaterra, Agustín Edwards.

Em 1939, o *Osservatore Romano* publicou um comentário elogioso ao trabalho sobre "O Desenvolvimento do Serviço Social na América do Sul", apresentado quando de uma reunião da direção da UCISS, em Roma.

No mesmo ano, em Buenos Aires, a Elvira Matte de Cruchaga, através da Srta. Mary Garcés, participou do I Congresso Argentino de Sociologia e Medicina do Trabalho, enviando o informe "A Orientação Profissional".

A ressonância da Elvira Matte de Cruchaga chegou até à *Sociedade das Nações,* que investiu a sua diretora como membro da Comissão Consultiva de Assuntos Sociais, sediada em Genebra.

Tudo isto dá uma idéia da incidência da Elvira Matte de Cruchaga — quer no que respeita às suas respostas aos problemas chilenos, quer no que se relaciona à sua projeção internacional.

Trata-se, indubitavelmente, de uma instituição pioneira, que serviu como modelo a outros centros de formação. Contribuiu largamente para oferecer um campo próprio ao Serviço Social, mesmo que adequando-o inevitavelmente às exigências históricas impostas pela sua vinculação com o poder. Sua atividade pôs em jogo dois elementos. De um lado, a abnegada e incondicional entrega para se ocupar das chagas do capitalismo, como se estas fossem inerentes ao ser humano; de outro, a sua sistemática dedicação para servir a uma estratégia diversificada, no bojo da qual operavam o seu plano de estudos, as práticas profissionais, o Escritório Central de Serviço Social, os contatos e as relações internacionais, a instrumentalização — por assim dizer — da sua ideologia. Ela foi capaz, portanto, de erigir-se como resposta às demandas concretas da complexa trama capitalista vigente naquele momento.

Não consideramos a Escola Elvira Matte de Cruchaga como um paradigma para a profissão. No entanto, negamo-nos a simplificar a sua imagem unilateralmente, como se, na sua trajetória, ela não tivesse sido exposta ao jogo das contradições sociais, e como se, no seu processo interior, também não houvessem emergido forças de vitalidade histórica que, embora subordinadas, não hajam contribuído em alguma medida para estimular perspectivas que, ainda hoje, guardam a sua energia democrática.

Em vários momentos, forças internas do Serviço Social promoveram rupturas radicais com o passado, talvez estimuladas pela sua própria perplexidade, pelas suas ilusões, pretendendo criar, a partir de si mesmas, uma etapa nova e distinta, indene de vestígios indesejáveis.

Neste balanço, convém indagar o que o Serviço Social pode ganhar em consciência, hoje, se se voltam os olhos para aqueles primórdios. Muitos componentes contemporâneos podem ser rastreados naqueles impulsos originais. O perfil de uma identidade profissional cinqüentenária, para não mencionar o cariz mais recente, exige uma revisão daquela infância. Geralmente, observações deste gênero produzem mais irritação que sugestões de análise — mas é neste empenho que se prova a seriedade de uma busca das raízes e das bases da história profissional.

Seria tolice negar todo o grande apoio que, em todo o seu processo de formação, a Elvira Matte de Cruchaga recebeu do poder, como seria errôneo desconhecer que ela foi, essencialmente, um instrumento deste poder.

Forças ponderáveis de diversos matizes concorreram para auxiliá-la e, embora não sejam todas inteiramente conhecidas, fazem parte da lógica que operou a favor da escola. Não obstante, pode-se constatar na sua história mesma um sensível e sério esforço para encontrar uma linha de desenvolvimento conforme a sua própria ótica. O trabalho sistematicamente realizado, anualmente, para a revisão das suas experiências, as múltiplas teses e informações, os ensaios apresentados nas "Semanas de Estudos" etc., provam o rigor do seu empenho. É claro que muitas destas conquistas deviam-se à origem de classe das estudantes, que provinham de um seleto contingente das camadas dominantes e ingressavam numa instituição elitista, dotada de docentes escolhidos a dedo.

Muitos eventos profissionais se deram no calor da hora. O terremoto que abalou o sul do Chile, em janeiro de 1939, pôs a escola em estado de alerta: enviou alunas e docentes às regiões afetadas, mobilizou a população e, passado o acontecimento, analisou a experiência para incorporá-la ao seu trabalho futuro.

Ademais, sob certo prisma, a escola, entre outros centros de formação, pode ser considerada como pioneira nas ciências sociais no país andino. Embora não contasse com instrumentos de conhecimento apropriados, e embora suas posições confessionais operassem como lastro negativo, ela procurou compreender os fenômenos sociais (estudando problemas do salário e do consumo, a mortalidade e a morbidade infantis, a realidade rural, a situação da mulher camponesa etc.) sob balizas freqüentemente desprezadas pelas ciências sociais, com seu viés cientificista, e a partir desta compreensão procurou estabelecer diretrizes de ação.

Para que cheguemos a conclusões sólidas, ainda há muito o que pesquisar. Mas desta configuração profissional concreta procedem — como já sugerimos — diversos componentes contemporâneos do Serviço Social. Formulemos, por exemplo, algumas questões:

1. não deriva daí, e das protoformas do Serviço Social, o elemento ainda vigente (embora com outro conteúdo) da entrega e da abnegação?
2. até que ponto a organização acadêmica da teoria e da prática daquela época sobrevive implicitamente nos dias atuais?
3. sob que formas se manifestam, velados, diversos resíduos da poderosa influência religiosa que marcou por tanto tempo o Serviço Social?

2. A fundação das escolas pioneiras de Serviço Social no Brasil

Como vimos, o surgimento das escolas católicas de Serviço Social é inexplicável sem levar em conta a decisiva participação da Igreja numa política social mais abrangente.

Para nos aproximarmos do caso brasileiro, é indispensável o recurso ao livro de Raul Carvalho.[27] Trata-se de um enfoque (com o qual nos solidarizamos) que tem o mérito de reconstruir historicamente, com rigor e veracidade, o surgimento da profissão no interior do movimento das classes sociais, das mudanças ocorridas no Estado e da estratégia concreta desenvolvida pela Igreja Católica.

No Brasil, como ocorreu no Chile, é ao longo dos anos vinte que a Igreja Católica revigorou a sua ação para responder aos efeitos de uma crescente perda de hegemonia na sociedade civil e no Estado, promovendo um vasto movimento de cariz espiritual que procurava lançar profundas raízes na política e na economia. A estruturação de uma complexa política de ação para encaminhar este propósito se deu num cenário histórico concreto em que a religião católica, através da sua hierarquia, seus intelectuais orgânicos e seus fiéis, operava no jogo fluido das contradições de classe.

No início dos anos vinte, como espécie de rede para onde confluíram desenvolvimentos prévios, surgiu o Centro Dom Vital, núcleo a partir do qual emergiu toda uma estratégia de ação, e, com ele, em 1922, a Confederação Católica, instrumento prático para o revigoramento eclesiástico.

Tais instituições resultaram de uma compreensão da inadequação da Igreja em face da realidade, para a qual chamou a atenção o bispo da diocese de Olinda, D. Sebastião Leme, na sua Pastoral de 1916, intitulada "O Pensamento Católico no Brasil".[28] No documento, D. Sebastião Leme pôs em evidência a inércia e a ineficácia da maioria católica diante do que acontecia no país, incitando-a a converter-se numa ativa legião que cumprisse com seus deveres sociais, ultrapassando a sua apatia — o bispo conclamava a uma *resistência* às tendências alheias aos *princípios* e *práticas* propostos pela Igreja.

---

27. Cf. Carvalho, R. de, trabalho citado como fonte do *Quadro 1*.
28. Carvalho. Op. cit., p. 145.

Não há dúvidas de que esta opção organizativa da Igreja foi estimulada pela magnitude alcançada pelas lutas operárias entre 1917 e 1920, dirigidas pelos anarquistas, e que expressavam o protesto proletário numa situação de queda da expansão industrial em relação aos anos da guerra. Em 1917, uma grande greve geral sacudiu a cidade de São Paulo e outras áreas interioranas. A própria capital do país foi abalada pelo movimento, que reivindicava a jornada de oito horas e aumentos salariais. O sindicalismo anarquista combatia frontalmente o Estado opressor e nutria a esperança de abatê-lo por meio de uma greve geral revolucionária que, preparada para 1918, foi duramente reprimida. No ano seguinte, movimentos grevistas voltaram a se manifestar em várias cidades brasileiras — Porto Alegre, Recife, Salvador, Curitiba, Rio de Janeiro etc. —, todos abafados por uma cruel repressão. Em 1922, foi fundado o Partido Comunista Brasileiro e, no bojo de toda esta movimentação, promulgaram-se as primeiras leis trabalhistas: uma legislação sobre habitação popular (1921), a criação da Caixa de Aposentadoria e Pensão dos Ferroviários (1923) e a regulamentação dos feriados (1925).[29]

Por outro lado, a elaboração de uma resposta global, por parte da Igreja, substantivamente inspirada nas encíclicas papais (como nos casos de outros países latino-americanos), contribuiu para a organização de um discurso paralelo ao pensamento oficial da Igreja enquanto instituição universal e ajustado ao contexto de uma sociedade sacudida pelas conseqüências da progressiva instauração das relações de produção capitalistas. No primeiro momento, a Igreja teve na *Rerum Novarum* o seu principal suporte doutrinário, depois substituída pela *Quadragesimo Anno* que, ao contrário da anterior, não reduzia a complexidade da questão social à questão operária.

Em 1930 produziu-se no país a chamada "Revolução de 30", a partir da qual o movimento católico, iniciado pouco antes, encontrou um novo espaço para a sua intervenção. Carvalho observa:

> "A crise de poder originada pela indefinição de um novo bloco hegemônico, a bipolarização dos setores mais dinâmicos da pequena burguesia e o ressurgimento do proletariado através da recuperação mais

---

29. Bambirra, V. e Santos, T. "Brasil: Nacionalismo, Populismo y Dictadura. 50 años de crisis social", in: *América Latina: Historia de Medio Siglo,* p. 136-137.

intensa dos movimentos reivindicatórios, bem como uma nova estratégia política, criam as condições para que a Igreja seja chamada a intervir na dinâmica social de forma muito mais ampla".[30]

Um processo de industrialização mais vigoroso que o de outros países latino-americanos encontrava na estrutura arcaica do Estado brasileiro um freio para o seu desenvolvimento mais rápido, até que Getúlio Vargas, em 1930, assumiu a liderança de uma luta cujas bandeiras principais eram a liquidação do poder oligárquico (com o qual, depois, Vargas acabou por se conciliar) e a criação das bases para o erguimento de um nítido poder burguês industrial. Com a "Revolução de 30", Vargas — procedente da oligarquia fundiária — estimulou o desenvolvimento industrial, propiciando a substituição de importações e instaurando uma política protecionista que beneficiou a indústria nacional, mais tarde favorecida ainda pela crise mundial do período.

As vantagens obtidas pela Igreja nesta etapa resultam de uma complexa interação com o governo de Vargas, que reconhecia nela um aliado apreciável a ser atraído em função da sua influência e autoridade, especialmente depois de alguns confrontos nos quais a hierarquia deu provas da sua disposição de luta (em 1931, D. Sebastião Leme não hesitou em proclamar que "... ou o Estado ... reconhece o Deus do povo ou o povo não reconhece o Estado").[31]

Para a Igreja, os resultados foram visíveis: ela alcançou conquistas significativas, como a disposição de tornar facultativo o ensino religioso nas escolas públicas. Só este fato teve para a hierarquia um sabor de vitória, já que implicou a recuperação de um poderoso veículo de influência religiosa. A Constituição aprovada em 1934, com claros aportes de católicos, favorecia amplamente à Igreja. Como diz Carvalho:

"Além do reconhecimento explícito do catolicismo como religião oficial, da indissolubilidade do matrimônio com a validação do casamento religioso pela lei civil, ela garantia o acesso da Igreja à educação pública e a todas as instituições de 'interesse coletivo'. Garantia,

---

30. Carvalho. Op. cit., p. 149.
31. Discurso de D. Sebastião Leme quando da inauguração do Cristo Redentor, *apud* Carvalho. Op. cit., p. 159.

pois, a institucionalização de alguns dos seus princípios fundamentais e posições no aparelho de Estado essenciais à sua função de controle social e político".[32]

No que se refere à montagem de aparatos próprios, a partir de 1932 a Igreja voltou a ela imprimindo maior vigor ao seu trabalho organizativo. Tendo como base instâncias já existentes — como o Centro Dom Vital, de grande influência neste período, e a Confederação Católica —, ela promoveu a formação da Ação Universitária Católica, do Instituto de Estudos Superiores, da Associação de Bibliotecas Católicas, de círculos operários, da Confederação Nacional de Operários, da Liga Eleitoral Católica e da Ação Católica, esta em 1935.

Da incrementação deste processo faz parte o curso intensivo de Formação de Jovens, promovido pelas religiosas de Santo Agostinho, para o qual se convidou Adèle Loneux, da Escola de Serviço Social de Bruxelas (Bélgica), e que contou com a assistência de jovens da Ação Católica e da Ação Social, motivadas por seu afã de uma melhor formação para elevar a eficácia do seu apostolado social. Corolário deste evento foi a criação do *Centro de Estudos e Ação Social* (CEAS), destinado a forjar uma superior militância católica mercê de uma ampla mobilização direcionada à recuperação, pela Igreja, da sua influência e dos seus privilégios. O CEAS foi considerado como o vestíbulo da profissionalização do Serviço Social no Brasil — e aqui também, como no caso chileno, o trabalho de organização e preparação dos leigos se apóia numa base social feminina de origem burguesa respaldada por assistentes sociais belgas, que ofereceram a sua experiência para possibilitar a fundação da primeira escola católica de Serviço Social.

Como se constata, o caminho para a formação de escolas católicas, apesar da particularidade brasileira, assemelha-se em muito ao de outros países. Neles e no Brasil, resultou da reativação do movimento católico para renovar e reinserir a presença da Igreja nos novos blocos de poder, mediante a preparação da sua diferenciada militância a fim de responder adequadamente a uma estratégia de ação doutrinária exercendo um trabalho social de evidentes efeitos políticos.

Reproduzindo uma constante latino-americana, também no Brasil os germes organizativos da profissão estiveram a cargo de setores femininos das classes dominantes, apoiados decididamente pela hierarquia da Igreja que,

---

32. Carvalho. Op. cit., p. 163.

em face da laicização estimulada pelo liberalismo e pelo socialismo, respaldou-os na via da salvação pessoal pela dedicação ao apostolado social. A criação do CEAS tinha por objetivo

> "promover a formação dos seus membros através do estudo da doutrina social da Igreja e fundamentar a sua ação nesta base doutrinária e no conhecimento profundo dos problemas sociais, para tornar mais eficiente a atuação das assistentes sociais e adotar uma orientação definida em face dos problemas por resolver, favorecendo a coordenação de esforços dispersos nas diferentes atividades e obras de caráter social".[33]

A composição dos núcleos mais importantes do CEAS, pela origem de classe e pelo sexo dos seus ativistas, dava-lhe uma fisionomia peculiar. Para as damas da sociedade, em muitos casos o apostolado era o modo de cumprir com as suas convicções religiosas, mesmo que em suas consciências ficasse oculta a repercussão política prática da sua intervenção, bem como a maneira de obter uma base de afirmação propriamente feminina. Por isto, a sua experiência de vida, a sua educação familiar, a sua moralidade sólida, a sua honorabilidade e, naturalmente, a sua militância religiosa configuravam os elementos centrais que se punham em jogo no momento da sua ação social. A força da ideologia dominante, certamente, tornava estas "abnegadas senhoras" exemplos dignos de imitação e modelos para todas as classes — destacando-se, no seu apostolado, o efeito de emulação produzido na população assistida.

Por volta de 1933, as atividades do CEAS se intensificaram, com a sua participação na Liga Eleitoral Católica, a realização da Primeira Semana de Ação Católica e a formação da Juventude Feminina Católica, entre outras iniciativas.

2.1. A influência católica e a Escola Paulista de Serviço Social

Poucos anos depois, em 1936, criava-se a Escola de Serviço Social de São Paulo, diretamente inspirada pela Ação Católica e pela Ação Social.

---

33. Cerqueira, E. "O Centro de Estudos da Ação Social de São Paulo", Revista de Serviço Social e Estatuto do CEAS, *apud* Carvalho. Op. cit., p. 173.

Iniciava-se assim uma nova etapa na prática da assistência social, quando a Igreja, em seu conjunto, atravessava um importante momento na sua redefinição no interior da cambiante sociedade brasileira. Ademais, quando se funda a escola, os fatores antes mencionados (referidos ao projeto católico) juntam-se também com uma demanda profissional que começa a revelar-se a partir de alguns aparelhos do Estado, tornando mais exigente a qualificação acadêmica, religiosa e técnica.

A propósito da criação desta escola, recordemos algo já assinalado. Em 1931, comemorando os quarenta anos da *Rerum Novarum,* divulgava-se em Roma a encíclica *Quadragesimo Anno.* Dela se inferem vários componentes que seguramente influíram na prática da Igreja, da sua hierarquia, dos leigos e — objeto do nosso interesse —, em particular, no Serviço Social.

Como dissemos, a encíclica de Pio XI tentou aportar uma visão orgânica e abrangente da ordem burguesa—à diferença da *Rerum Novarum,* centralizada sobretudo na questão operária. Decorridos quarenta anos desde a encíclica de Leão XIII, a Igreja já assimilara o seu pensamento e o colocara em prática. A *Rerum Novarum* avaliara as relações operário-patronais, o papel do Estado, a função dos católicos e o perigo que a crescente influência do socialismo representava para a ordem burguesa. Ao aparecer a *Quadragesimo Anno,* já se dera a primeira conflagração mundial, assistira-se ao triunfo da Revolução de Outubro e, na América Latina, ao desdobramento da Revolução Mexicana de 1910 e o capitalismo, em franca expansão imperialista, sofria os efeitos da grande crise. Mais: a própria Igreja desenvolvera uma prática intensa, de variado espectro, sob a orientação da *Rerum Novarum* e, premida pelas realidades específicas que a contextualizavam, passara por um reordenamento interno para responder às contingências de uma consolidação capitalista mais nítida.

Na *Quadragesimo Anno* dizia-se — por exemplo — que a Rerum Novarum fora a inspiradora de uma verdadeira ciência social católica, fomentada e enriquecida (segundo o Papa) por "homens esclarecidos", aos quais chamava "cooperadores". Também se referia a eles, destacando que suas descobertas eram criteriosamente divulgadas, como "o demonstram as cátedras instituídas e utilmente freqüentadas nas Universidades católicas, academias, seminários, congressos sociais e semanas".[34] Entretanto,

---

34. *Quadragesimo Anno,* ed. cit., parágrafo 2, p. 12.

para avançar mais além e conquistar vantagens proveitosas e "alegres" para a sociedade humana, são necessárias "principalmente duas coisas: a reforma das instituições e a melhoria dos costumes".[35] Segundo a encíclica, esta reforma era tão importante que, sem ela, era impossível a "restauração da ordem social".

Se as escolas de Serviço Social — em particular, a paulista — nasciam sob decisiva inspiração católica, no interior do movimento pelo qual a Igreja promovia a sua reinserção social, é indiscutível que as seletas gerações que se educavam nas aulas recebiam uma missão quase expressa da encíclica, uma vez que grande parte da tarefa realizada pelas obras sociais da Igreja estava justamente orientada para a "melhoria dos costumes". Só assim se tornam inteligíveis as incontáveis funções das assistentes sociais junto à família operária, em face do matrimônio, da educação e do cuidado dos filhos, da destinação do salário, dos menores delinqüentes, da segurança social, dos enfermos — tratava-se de uma atividade para reformar e melhorar os costumes. O mesmo é cabível para as atividades dirigidas à reforma das instituições, uma vez que a conjugação das duas tarefas propiciava as melhores condições para o exercício dos altos fins católicos.

Neste segundo caso, o auxílio e a presença de jovens provenientes de famílias ligadas aos núcleos mais próximos do poder econômico e político favoreciam as possibilidades de intervir no campo das reformas institucionais. E é provável que os severos apelos papais não tenham sido estranhos às colocações dos católicos quando da aprovação da Constituição brasileira de 1934.

A encíclica, ainda, saudava os filhos da burguesia, quando lecionava:

"Inspiram alegres esperanças esses jovens que, por seus talentos e suas riquezas, hão de se dedicar à obra de restauração social e desempenhar cargos proeminentes entre as classes superiores da sociedade e que, hoje, estudam as questões sociais com grande fervor.[36]

É indubitável que aqui se incluíam todos aqueles segmentos que atuavam na Ação Católica e em outras instâncias leigas, aos quais o documento gratificava particularmente.

---

35. Idem. parágrafo 20, p. 12.
36. Idem, parágrafo 142, p. 74.

Seguramente não passou desapercebido às assistentes sociais e aos participantes do apostolado da Igreja aquele trecho da encíclica que, enfaticamente, assevera:

"Mereceis, pois, todo louvor, assim como todos estes valiosos cooperadores, clérigos e seculares, que nos dão alegria com a sua participação convosco nos afazeres cotidianos desta grande obra. São os nossos amados filhos, inscritos na Ação Católica, que compartem conosco, de maneira especial, o cuidado da questão social, que compete e corresponde à Igreja enquanto instituição divina".[37]

Sabe-se que, muitas vezes, em face da questão social a Igreja portou-se mais com espírito humano que divino e que, em mais de uma ocasião, tratou menos de aplicar o seu discurso religioso que de apoiar o poder terreno. O mesmo ocorreu com os "valiosos cooperadores", aos quais a encíclica dava atenção preferencial e entre os que se contavam as fiéis hostes do Serviço Social daqueles anos.

2.2. Surgimento das escolas de Serviço Social no Rio de Janeiro

Sob esta inspiração católica fundou-se a primeira escola de Serviço Social do Rio de Janeiro que, como a escola paulista, inscrevia-se na luta travada pela Igreja para defender o povo de influências consideradas nocivas e para constituir-se como a força normativa da sociedade.

Num período relativamente curto, surgem: em 1937, o Instituto de Educação Familiar e Social — formado por duas escolas: uma de Serviço Social e uma de Educação Familiar —, respaldado pelo Grupo de Ação Social (GAS); em 1938, por iniciativa do Juizado de Menores, a Escola Técnica de Serviço Social, atentando sobretudo para a questão dos menores; e, em 1940, o curso de preparação ao Serviço Social incorpora-se à Escola de Enfermagem Ana Nery.[38]

---

37. Idem, parágrafo 140, p. 73.
38. Carvalho. Op. cit., p. 187-189.

Como anota Carvalho, no Rio de Janeiro o processo constitutivo do Serviço Social desenvolveu-se segundo diversas variantes, provavelmente porque na capital do país estavam centralizadas muitas repartições públicas sob cuja demanda se profissionalizou o Serviço Social. No Rio de Janeiro, a fundação das escolas foi patrocinada pelo Grupo de Ação Social, pela Escola de Enfermagem Ana Nery e pelo Juizado de Menores; entretanto, mesmo que as duas últimas instituições não estivessem sob a tutela da Igreja, as suas bases doutrinárias continuavam sendo a moral e os princípios religiosos católicos.

Na capital brasileira, a primeira escola católica de Serviço Social resulta de um processo semelhante ao ocorrido em São Paulo, já que emergiu igualmente no bojo de um movimento articulado de vários grupos onde atuavam leigos sob reconhecida influência da hierarquia. A I Semana de Ação Social, patrocinada pelo GAS, e que é considerada como o preâmbulo da criação do Instituto de Educação Familiar e Social, teve participação de Darcy Vargas, esposa do Presidente da República. O caráter confessional da iniciativa pode ser capturado, entre outras fontes, no discurso que, então, pronunciou o presidente do GAS, Dr. Hannibal Porto. Nesta alocução não só se dá conta de uma leal adesão aos postulados da Igreja, mas, ainda, da assimilação das linhas da *Quadragesimo Anno,* que se revelavam muito funcionais ao empreendimento. Dizia Porto (numa passagem reproduzida por Carvalho, que não indica se o presidente do GAS informou que a citação fora textualmente extraída da encíclica):

> "... A classe dos ricos se defende por seus próprios meios e necessita menos da tutela pública; mas o povo miserável, carente, está peculiarmente confiado à defesa do Estado. Portanto, este deve abraçar com cuidado e providência especiais os assalariados que constituem em geral a classe pobre".[39]

Estas palavras, no discurso papal, têm um sentido genérico; repetidas, porém, numa ocasião como aquela, põem à luz do dia a articulação do seu conteúdo com o poder, bem como o grau de intervenção direta que a Igreja e sua estratificada militância tinham nos destinos da classe operária — e, sobretudo, a disciplinada e fiel atitude que vinculava o trabalho dos leigos aos preceitos da encíclica.

---

39. *Quadragesimo Anno,* ed. cit., parágrafo 25, p. 14-15.

É sob esta inspiração que surge no Rio de Janeiro a primeira instituição católica de educação superior para o Serviço Social que, juntamente com a de São Paulo, exerceu uma significativa influência sobre o aparecimento das outras escolas brasileiras. Aliás, a escola paulista forneceu quadros para a formação da escola carioca — ex-alunas daquela prosseguiram estudos na Bélgica e depois retornaram ao Rio de Janeiro.

Finalmente — antes de citar brevemente o caso peruano —, queremos recalcar que o fundamental de todo este processo foi rigorosamente analisado por Raul de Carvalho. A nossa rápida referência à experiência brasileira foi feita apenas para indicar que, no Brasil, a origem da profissão está indissoluvelmente ligada à ação da Igreja e à sua estratégia de adequação às mudanças econômicas e políticas que alteravam a face do país naquele período.

Mas Brasil e Chile apresentam algumas particularidades que convém ressaltar. Enquanto, no Chile, a primeira escola surge impulsionada a partir da beneficência pública, por um médico — ou seja, a partir do Estado e para auxiliar o exercício da Medicina —, no Brasil a primeira escola surge no seio do movimento católico e sem estar medularmente vinculada a qualquer profissão que lhe atribua um papel explicitamente tributário. Mas, no Rio de Janeiro, a expansão da profissão conecta-se à Medicina e ao Direito. Nos dois países, porém, apesar destas diferenças, o Serviço Social surge como resposta à questão social e, em particular, à presença do movimento operário e popular, estimulado por contingentes que desenvolviam uma ativa prática de apostolado católico, provenientes das classes dominantes.[40] E nos dois casos, igualmente, o surgimento do Serviço Social recebe o auxílio de mãos belgas — o que não quer dizer que se operou uma transposição rígida dos modelos europeus (belga, no caso) para os nossos países; como já assinalamos, a funcionalidade desta variável européia só se explica a partir da base social que propiciou a sua intervenção.

Por outro lado, é evidente que as semelhanças tornam-se maiores se o confronto se estabelecer entre a primeira escola católica chilena e a escola paulista, dado o caráter confessional de ambas.

---

40. Recorde-se que na Elvira Matte de Cruchaga constituiu-se, a partir de 1936, o Escritório Central de Serviço Social e se tornou prática regular a realização das *Semanas de Estudos*. Na escola paulista, a partir de 1938 organizou-se a Seção de Assistência Social, logo depois denominada Departamento de Serviço Social, e ali também se realizaram semanas similares, nas quais o componente religioso teve papel de primeira importância.

3. Surgimento da Escola de Serviço Social no Peru

Os anos vinte transcorrem no Peru sob a ditadura de Augusto B. Leguía, presidente entre 1919 e 1930, que procurou, nos inícios da sua gestão, imprimir-lhe um corte populista, à semelhança do *irigoyenismo* na Argentina ou do *alessandrismo* no Chile.

"Mas enquanto nestes países o desenvolvimento relativamente importante dos grupos burgueses urbanos permitia uma diferenciação suficientemente clara entre estes e os grupos mais oligárquicos, e, em conseqüência, propiciava aos grupos modernizantes da burguesia a capacidade de empolgar os setores populares antioligárquicos, no Peru daquela época os segmentos modernizantes tinham ainda um desenvolvimento relativamente débil e sua diferenciação era pouco visível... Portanto, Leguía foi explicavelmente incapaz para ultrapassar as limitações postas por estas circunstâncias e para liderar — como o fizeram Irigoyen e Alessandri — a componente popular da mobilização antioligárquica."[41]

Naqueles anos, o Peru experimentou mudanças que marcariam para sempre a sua história. Leguía optou por subordinar-se ao imperialismo norteamericano, do qual obteve os recursos que sustentariam a sua administração, concedendo, em troca, importantes riquezas minerais do país; ao mesmo tempo, distanciou-se do bloco oligárquico-latifundiário, a que passou a hostilizar. À sombra desta aliança básica floresceu no Peru uma burguesia comercial e intermediária que se beneficiou dos fluxos econômicos estabelecidos pela gestão de Leguía, fundados no crescimento das exportações para os Estados Unidos

A década de vinte também testemunhou uma reorganização da estrutura de classes e a emergência dos setores populares na vida política, decisivamente influenciados por Víctor Raúl Haya de la Torre e José Carlos Mariátegui. O primeiro, fundador do APRA*, alentou um movimento

---

41. Quijano, A. *Imperialismo, Clases Sociales y Estado en el Perú, 1890-1930*, p. 94.
* APRA: *Alianza Popular Revolucionaria Americana*. Movimento criado em 1926 por Haya de la Torre, centrado em um programa político antiimperialista e antioligárquico. (Nota dos Tradutores)

radical de camadas médias, orientado à modernização capitalista; o segundo forjou o movimento socialista peruano.

Produzindo-se a grande crise internacional, a economia peruana viu-se severamente afetada, já que boa parte dos recursos públicos dependia de financiamento externo. Em 1928, de um orçamento de 111.136.510 soles, 102.323.380 provinham do exterior.[42] Os preços das matérias-primas caíram bruscamente e as exportações do país se reduziram notavelmente. O valor das exportações de algodão diminuiu, entre 1929 e 1932, em cerca de 42%, o da lã em cerca de 50% e o do cobre em cerca de 69%. Em conseqüência, sobreveio uma onda maciça de desemprego, que deixou sem trabalho 60% dos empregados nas empresas de mineração e a milhares de camponeses que, sazonalmente, se ocupavam do cultivo do algodão. A redução das importações ocasionou uma diminuição dos recursos estatais derivados de impostos alfandegários e a supressão dos empréstimos procedentes dos Estados Unidos deu lugar à paralisação de várias obras de construção civil, atingindo a esmagadora maioria dos trabalhadores do setor. Lima, a capital, sofreu os efeitos da conjuntura, e, entre 1931 e 1932, o seu percentual de desempregados elevou-se em cerca de 44%. Os grupos comerciais que prosperaram à sombra de recursos oriundos do exterior, os mais beneficiados pela política de Leguía, ruíram, perdendo a hegemonia conquistada durante a ditadura.

Neste quadro, a deterioração do regime se encontrou balizada por um agressivo movimento popular, que não conseguiu articular uma direção política, e pela frente oposicionista das próprias classes dominantes, que, carecendo de um movimento político próprio, bateram, novamente, à porta dos quartéis, invocando uma solução que elas mesmas eram incapazes de construir. O desenlace dos impasses veio com o levante de Luis M. Sánchez Cerro que, em agosto de 1930, sublevou-se em Arequipa, sob o patrocínio dos latifundiários da região e a simpatia dos demais setores oligárquicos do país.

O golpe militar incruento de Sánchez Cerro recebeu um amplo apoio. Diversos setores populares respaldaram o militar insurgente, que punha fim a um prolongado período ditatorial, esperando uma abertura política mediante a qual poderiam intervir ativamente na condução da vida do país. Sánchez Cerro inaugurou seu governo implementando algumas reformas

---

42. Idem, p. 106

pouco significativas e, pouco a pouco, assumiu uma postura abertamente favorável à oligarquia latifundiária. Procurando ganhar a simpatia popular, promoveu distribuições de alimentos, suprimiu o recrutamento compulsório pelo qual milhares de camponeses eram obrigados a trabalhar na construção de estradas e iniciou uma campanha de moralização para esclarecer a profunda corrupção que imperou sob Leguía. A esta "face suave" de Sánchez Cerro combinava-se um exercício autoritário e repressivo do poder, intolerante para com as manifestações autônomas de organização das classes populares, às quais passou a golpear.[43]

Poucos meses depois, em fevereiro de 1931, eclodiu em Callao uma sedição contra Sánchez Cerro, de provável inclinação para Leguía (segundo Villanueva),[44] que obrigou o caudilho a convocar eleições presidenciais e uma Assembléia Constituinte. Seguiram-se imediatamente vários outros levantes militares no sul e no norte do país, de claro matiz regionalista (como o de Arequipa, que chegou a constituir um governo autônomo), compelindo ao afastamento momentâneo de Sánchez Cerro da Presidência da República. Instaura-se uma Junta Nacional de Governo que implementa uma política econômica favorável aos latifundiários e aos grupos agro-exportadores.

Por seu turno, o movimento popular respondia à decomposição do bloco dominante e aos efeitos corrosivos da crise econômica com uma combatividade crescente. Deste período datam históricas jornadas de luta, nas quais intervieram mineiros, petroleiros, trabalhadores agrícolas das fazendas da costa, setores urbanos, indígenas, estudantes universitários etc. — e tais jornadas levaram a Junta, presidida por um latifundiário sulista, a enfrentar a mobilização recorrendo ao estado de sítio e à suspensão das garantias constitucionais. Enquanto isto, o APRA, sob a direção de Haya de la Torre, revigorando-se desde a queda de Leguía, começa a se transformar na força política mais importante do Peru.[45]

Em outubro de 1931, realizam-se as eleições, de que participam o APRA e a União Revolucionária, formada em agosto para apoiar a candidatura de Sánchez Cerro — e vence o caudilho, obtendo 51% dos votos, contra os 35% conferidos ao candidato *aprista*. Explica-se a vitória do militar: Sánchez Cerro fez uma campanha apresentando-se como defensor do Estado e das

---

43. Cotler, J. *Clases, Estado y Nación en el Perú.*
44. Cf. Villanueva, v. *El Militarismo en el Perú.*
45. Cf. Klaren, P. *Formación de las Haciendas Azucareras y Orígenes del APRA.*

instituições mais representativas da ordem burguesa, investiu contra o APRA, acoimando o partido de Haya de la Torre de comunista, estrangeirizante e anticatólico e, especialmente, capitalizou amplamente o descontentamento anti-Leguía, ele que fora o rebelde a derrubar o ditador.

As eleições de 1931 não trouxeram a estabilidade; seus resultados, ao contrário, intensificaram as manifestações de protesto, registrando-se uma crescente agressividade do *aprismo*. Um jovem militante do APRA atentou contra a vida do já presidente Sánchez Cerro, numa igreja limenha; fracassado o atentado, agudiza-se a repressão contra o partido de Haya de la Torre, que é preso pouco depois.

A repressão ao *aprismo* passou a alimentar o crescimento do partido. E, em julho de 1932, o APRA patrocinou uma insurreição na cidade de Trujillo, mobilizando suas massas de origem popular. A rebelião foi violentamente reprimida pelas Forças Armadas, e os *apristas* foram objetos de uma violência que incluiu fuzilamentos em massa. Nunca se soube exatamente quantas foram as vítimas deste episódio, mas o APRA passou a mencionar, desde então, o número dos seus seis mil mártires.

Os eventos de julho fizeram crescer a simpatia para com o APRA, ao passo que o generalizado anti-*aprismo* do bloco dominante servia eficientemente para ocultar as fraturas e cerrar fileiras em torno das Forças Armadas, que também sofreram baixas em Trujillo, defendendo a ordem oligárquica.

Em abril de 1933, contudo, Sánchez Cerro é assassinado à saída do hipódromo de Santa Beatriz — consumava-se a vingança *aprista* contra o seu mais encarniçado inimigo. Imediatamente, a Assembléia Constituinte — expurgada da oposição, sobretudo *aprista*, que dela fora expulsa — entrega o poder ao general Oscar R. Benavides, militar de grande prestígio que já ocupara a presidência por pouco mais de um ano, quando, em 1914, encabeçara um golpe contra o presidente Billinghurst.

A investidura de Benavides violava flagrantemente o preceito constitucional que, no seu artigo 137, proibia a eleição de militar em exercício para a Presidência. Mas Benavides assumiu, ficando evidente que a precariedade do bloco dominante impunha o recurso das armas para garantir o Estado — o que importava era assegurar os sistema de dominação.

Para desanuviar o clima de tensão em que o país estava mergulhado, Benavides propôs um governo de paz e concórdia, voltado especialmente para o APRA, com o qual estabeleceu uma trégua à base de algumas concessões: o militar prometeu a liberdade a Haya de la Torre, eleições conforme a Constituição recentemente aprovada, a restauração das liberdades e a exclusão dos adeptos de Sánchez Cerro do governo. A aproximação ao APRA valeu a Benavides vigorosos ataques de alguns de seus aliados, que o acusaram de cumplicidade para com o *aprismo;* de suas promessas, porém, Benavides só não cumpriu aquela que se referia à libertação de Haya de la Torre.[46]

Isto fez com que o APRA reagisse, agora derivando para a tática do golpismo. Quanto às classes proprietárias, elas respiraram satisfeitas, certas de que estavam neutralizando veleidades perigosas do governante militar.

Concluído o mandato que a Assembléia Constituinte lhe outorgara, em 1936 Benavides convocou eleições, supondo que o APRA e o Partido Comunista já não seriam opositores ponderáveis, vitimados que foram por sistemática repressão.

A sede de poder no seio das classes proprietárias voltou a manifestar-se, reaparecendo então um leque de precárias organizações políticas, representativas de variados segmentos dominantes. E o *aprismo* foi impedido de participar do pleito, sob a alegação de que era um partido internacional — o que configuraria uma violação do artigo 53 da Constituição aprovada em 1933, segundo o qual "o Estado não reconhece a existência de partidos políticos de organização internacional" —, ficando seus inscritos afastados de qualquer função pública.

Em face desta arbitrariedade, o APRA decidiu apoiar a candidatura de Luis Antonio Eguiguren, democrata que encabeçava uma frente política da pequena burguesia. O apoio *aprista* foi decisivo e Eguiguren ganhou as eleições. O governo, porém, recorreu ao Congresso, pedindo a anulação dos resultados sob o pretexto de que o ganhador se beneficiou de votos procedentes de um "partido internacional" — e Benavides proclamou-se presidente por mais três anos. Concluída a sua legislatura legal, o Congresso encerrou suas atividades e cedeu ao presidente autoproclamado suas atribuições legislativas.

---

46. Cf. Cotler, J. "La Crisis Política 1930-1968", in: *Nueva Historia General del Perú.*

Recuperando-se a economia nacional e revigorando-se a produção industrial, Benavides reordenou o Exército e os aparelhos repressivos. Contratou uma missão policial italiana que assessorou a modernização da polícia e criou um Batalhão de Assalto para reprimir mobilizações populares.

No Exército, efetuou mudanças, de forma que os cargos mais importantes ficassem com oficiais fiéis ao governo, de modo a livrar-se dos riscos permanentes de golpes que ameaçavam a aliança de classes dominantes. Evidenciando as suas simpatias para com o fascismo europeu (aliás compartilhadas pelos seus aliados), Benavides contratou o general alemão W. Fauppel, com um grupo de oficiais do exército hitlerista, para promover a formação dos militares peruanos. O graduado oficial germânico chegou a ocupar a Inspetoria Geral do Exército, com autoridade sobre seus subordinados peruanos.[47] Foi contratada também uma missão espanhola para encarregar-se da reorganização da Guarda Civil e, igualmente, criou-se um grupo policial secreto para realizar a espionagem interna e o controle sobre a oposição.

Benavides nomeou um gabinete militar e governou de forma a unir os interesses oligárquicos e latifundiários com os de um incipiente setor industrial, a quem o militar votava alguma consideração e que se revelara incapaz de articular uma representação política própria.

Como se verifica, o apelo aos militares era o instrumento salvador a que recorria a oligarquia em face da ameaça de um candidato triunfante que, mesmo não sendo *aprista,* comprometera-se com o APRA.

Quanto a Benavides, começando a segunda etapa de um governo que tivera origem em 1933, compreendeu que para controlar o movimento popular a simples repressão era insuficiente. A instabilidade e a turbulência dos anos anteriores mostravam-lhe que o exercício sistemático da violência não bastava para impedir a mobilização popular, que se manifestava intermitentemente. Benavides compreendeu que eram necessárias iniciativas de política social, para modernizar o Estado e responder a demandas incontornáveis.

Mencionaremos rapidamente algumas medidas de Benavides que indicam esta pretensão de realizar algumas concessões aos setores populares para controlá-los melhor. Parte delas vinha já desde 1933, como, por exem-

---

47. Cf. Villanueva. Op. cit.

plo, a regulamentação do pagamento de horas-extra aos trabalhadores e a remuneração do dia 1º de Maio. Outras são posteriores: a criação do Seguro Social Operário, do Ministério da Saúde Pública, Trabalho e Previsão Social, dos restaurantes populares. Decidiu-se a criação de um bairro proletário em Lima. O Ministério da Educação foi reorganizado. E, em 1937, pela Lei nº 8.530, foi fundada a Escola de Serviço Social do Peru.

Quanto à economia, Benavides assumiu um papel mais ativo na proteção à incipiente indústria nacional, criando o Banco Industrial e controlando as importações. Os produtos têxteis importados foram duramente tributados e os lucros de capital foram gravados, de forma a ferir alguns interesses oligárquicos e de empresas estrangeiras.[48]

Um traço característico do regime de Benavides foi, ainda, a sua aberta simpatia para com o fascismo e as suas concretas aproximações ao Eixo. Esta inclinação foi alentada também pelo distanciamento do regime em relação aos interesses norte-americanos, dos quais se afastou parcialmente ao recusar-se ao pagamento dos volumosos empréstimos contraídos por Leguía que, como vimos, fora singularmente generoso com o imperialismo ianque. Com Benavides, o comércio externo peruano não foi intensificado em direção aos Estados Unidos, mas, ao contrário, no sentido da Inglaterra.

Benavides concluiu seu ciclo de governo quando já se iniciara a Segunda Guerra. Ao longo dele, o militar foi girando lentamente, de uma postura claramente favorável à oligarquia e ao latifúndio para uma posição de maior identidade com os setores industriais, a que procurou beneficiar, ao custo, naturalmente, de uma fratura em relação aos primeiros.

Consideramos pertinentes estes comentários dos agitados anos vividos então pelo Peru porque são eles que explicam a criação da Escola de Serviço Social do país. A sua fundação está intimamente associada às peculiaridades de um bloco dominante aferrado à sua estirpe senhorial e incapaz de responder às exigências de um período de emergência dos setores populares na vida política.

Assim, a criação desta escola, ao contrário do que ocorreu em outros países, não se insere num processo de modernização capitalista liderado por burguesias combativas que se aliam com segmentos populares, polarizando a mobilização antioligárquica. Sem este componente, o movimento popular

---

48. Cf. Cotler, *Clases...*, op. cit.

peruano pôde se expressar com autonomia, a ponto de colocar em risco as estruturas de dominação, enquanto, do outro lado, as forças mais retardatárias promoviam a instabilidade, reprimindo e violentando os setores médios cuja iniciativa política ultrapassava o proletariado e as outras camadas populares. No Peru, o capitalismo sustentava-se com a presença de empresas monopolistas estrangeiras, que entravavam o surgimento de forças burguesas nacionais. Por isto não se processava, no seio das classes proprietárias, aquela diferenciação que permite o aparecimento de um setor burguês moderno. Nisto radica, portanto, uma substancial diferença em relação àqueles países, como o Chile e o Brasil, que experimentaram processos de industrialização mais precoces.

3.1. Estado, classes e a formação da Escola de Serviço Social do Peru

Vamos nos ocupar, agora, mais diretamente da criação da Escola de Serviço Social do Peru — valendo-nos do auxílio do trabalho de Alejandrino Maguiña,[49] que é, sem dúvida, tanto o estudo mais sério até hoje realizado no Peru sobre a história do Serviço Social quanto, em termos metodológicos, uma pauta válida para operações similares referidas a outros países.

Em que escala o processo da sociedade peruana, esboçado páginas atrás, podia afetar o perfil do Serviço Social e, concretamente, a orientação da escola criada em 1937? A nosso juízo, numa escala ponderável. Enquanto no Chile e no Brasil, assim como em outros países industrialmente precoces, o Serviço Social surgiu respondendo às conseqüências de uma mais depurada cristalização capitalista, no Peru, quase nos finais da década de trinta, a escola aparece sobre uma base burguesa em pleno processo de configuração. Desde antes, particularmente desde a década anterior, o Esta-

---

49. Cf. Maguiña, op. cit. Pelo seu rigor conceitual e metodológico, ademais do seu valor para a compreensão da inserção da profissão na história social do Peru, o trabalho de Maguiña constitui uma valiosa contribuição para todos os que estão comprometidos com o estudo da história profissional a partir da ótica das relações entre as classes sociais. Seu livro, bem como o de Marilda Iamamoto e Raul de Carvalho, desenvolve uma proposta interpretativa que elaboramos em comum, no trabalho coletivo propiciado pelo CELATS, e que sustentamos ser uma contribuição significativa para a compreensão da história do Serviço Social no continente.

do desempenhava o papel de promotor das condições gerais para a acumulação capitalista, modernizando a legislação, reordenando as instituições públicas, implementando a urbanização das cidades (especialmente Lima), fomentando a rede rodoviária para integrar o mercado interno etc. Contudo, tratava-se de um lento processo, ainda mais retardado pela ausência de um setor burguês moderno e pela fraqueza do bloco dominante.

Fundando-se a primeira escola — a que nos referiremos com a sigla ESSP —, ela surge diretamente vinculada ao Ministério da Saúde Pública, Trabalho e Previsão Social, criado quase juntamente com ela. A ESSP deveria contribuir com parte do pessoal que trabalharia naquele Ministério, bem como em outras instituições que estavam surgindo em decorrência das medidas do governo Benavides. Daí que o surgimento da ESSP esteja mais ligado, e estritamente, à expansão e à modernização estatais do que à demanda procedente do setor privado.

Há que advertir, porém, que a ESSP não foi propriamente a primeira escola de Serviço Social. Como observou muito bem Maguiña, a criação da ESSP,

> "não marca o início do Serviço Social como profissão no Peru, mas constitui um seu momento decisivo: ocorre então uma mudança, um 'salto' no seu desenvolvimento, operando-se uma transformação qualitativa".[50]

Em 1931, o Instituto da Criança criou a Escola de Visitadoras Sociais de Higiene Infantil e Enfermeiras de Puericultura, com o que o Estado ampliava a sua intervenção no campo dos cuidados à infância. Esta escola teve uma existência efêmera, pois funcionou durante pouco mais de um ano, principalmente em função da instabilidade vigente. Neste caso, a criação da escola correspondia ao interesse de alguns médicos e, em particular, aos do diretor do Instituto da Criança, Dr. Luis A. Suárez, no sentido de contar com pessoal que colaborasse com o médico no exercício de suas funções. Possivelmente não fossem estranhas à iniciativa as influências das escolas chilena e argentina que, anos antes, iniciaram a formação de pessoal auxiliar para a profissão médica, bem como da Segunda Conferência Pan-America-

---

50. Maguiña. Op. cit., p. 107.

na de Mulheres, celebrada em Lima, em 1924, um ano antes da fundação do Instituto Nacional da Criança, e na qual o tema foi a assistência social e o bem-estar da criança.[51]

Para a curta vida desta escola contribuiu também o fato de ela provir de uma iniciativa que remontava ao governo de Leguía. Sua fundação tardia, em 1931, quando o ditador já fora derrubado, explica tanto a sua debilidade quanto a sua breve existência. Se se fundasse antes da queda de Leguía, seguramente teria sido outra a sua perspectiva.

A escola recrutou suas estudantes entre jovens limenhas de "boas famílias" e implementou uma educação que, sem alocar-se ao plano do ensino superior da época, era adequada aos cuidados com a infância — a tarefa precípua dos seus egressos. O programa de estudos estendeu-se por um ano e meio, incluindo as seguintes disciplinas, entre outras: estatística, anatomia, nutricionismo, puericultura, serviço social. Apesar da curta vida do curso, boa parte do grupo que o freqüentou manteve-se em atividade.[52]

Anos depois, as visitadoras deste primeiro centro de estudos desenvolveriam uma rivalidade com as egressas da ESSP. Diversos motivos estiveram na base das tensões. Em primeiro lugar, a lei que criou a ESSP praticamente se esqueceu daquela tentativa pioneira. Em segundo lugar, a concorrência no restrito mercado de trabalho da época tornou-se mais aguda com as vantagens conquistadas pelas egressas da ESSP. E também influiu a mudança da titulação profissional, de *visitadora social* para *assistente social*. Foi necessário algum tempo para que as tensões se atenuassem, o que ocorreu talvez porque a primeira geração que se negou a revalidar sua formação na ESSP — apesar do convite para fazê-lo — foi perdendo presença.[53] De qualquer forma, a controvérsia sobre a denominação profissional — além de outros conflitos—evidenciava a indefinição profissional entre visitadoras sociais, assistentes sociais, nutricionistas e enfermeiras, na medida em que existia uma constante superposição de funções que cada profissão reclamava como suas.

---

51. Idem.
52. Ibidem.
53. Ibidem.

De acordo com Maguiña, a criação da ESSP, em 1937, revelava a concretização de, no mínimo, três projetos distintos na sua formulação, embora homogêneos nos seus propósitos de fundo. De um lado, aquele apresentado por Christine de Hemptinne, na sua condição de Presidente Internacional da Juventude Feminina da Ação Católica; doutro, o do médico Wenceslao Molina; finalmente, o daquele que fora o organizador da Segurança Social no país, o Dr. Edgardo Rebagliati.

Rebagliati, diz Maguiña, compreendeu que tanto o Ministério da Saúde quanto o Seguro Operário demandavam pessoal apropriado para desempenhar as suas funções estatais.

Já o interesse de Hemptinne, embora não fosse estranho a estas motivações funcionais, centrava-se no âmbito das requisições da Igreja e da sua ação social, no Peru e no continente. Recordemos, à guisa de ilustração, que em 1929 se organizou no Chile a Escola Elvira Matte de Cruchaga, em 1936 as primeiras escolas brasileira e colombiana e, em 1937, no mesmo ano em que surgia a escola peruana, a uruguaia. Em todos estes casos, a influência da Igreja e das suas "cooperadoras" foi decisiva. E este esforço, aparentemente massivo, foi empregado também no Peru: Hemptinne, mandatária da Ação Católica, estava incumbida da tarefa de apoiar a formação de um centro de estudos peruano.

Por sua vez, o projeto de Molina defendia a formação de assistentes sociais no interior de uma concepção que pretendia promover a saúde por via da educação. No seu entendimento, a visitadora social deveria estimular nas crianças "os sentimentos familiares, sociais e cívicos, afastando-as dos perigos que as cercam e fazendo-as cidadãos úteis à sociedade".[54] Mais: Molina sustentava a importância da assistente social porque ela, com delicadeza, poderia amenizar os conflitos entre operários e patrões — tarefa que cumpriria graças à sua aproximação à vida cotidiana dos trabalhadores e às suas necessidades.

O somatório destes argumentos complementares, unidos ao auspício e ao respaldo que lhes forneceu Francisca de Benavides, a esposa do Presi-

---

54. Avedaño, J. "Galería de personajes nacionales que han trabajado por el bienestar social. Wenceslao Molina, un precursor del Servicio Social en el Perú", in: *Servicio Social,* cit. por Maguiña. Op. cit., p. 110.

dente da República, tornaram possível um projeto que contou com o apoio oficial necessário.[55] A primeira dama do país era auxiliada por ativos colaboradores da Ação Católica, vivamente interessados na criação da escola. Desde o início, a esposa do Presidente, que assumiu a idéia, conferenciou com a Hemptinne e logo solicitou o aval de Maria Rosario Araoz, Presidenta Arquidiocesana do Setor Feminino da Ação Católica, pedindo-lhe que se encarregasse da direção da escola. Esta, por seu turno, sugeriu que se recorresse à UCISS para a indicação da diretoria, opinião que também foi compartilhada por Carmen Ortíz de Zevallos que, como delegada peruana, assistira à Conferência Internacional de Serviço Social realizada em Bruxelas, em 1934.

Consultada, a UCISS respondeu de imediato, propondo para a direção da escola Louise Joerissen que, como vimos anteriormente, desempenhou importante papel nos primeiros anos da Escola Elvira Matte de Cruchaga. As qualidades da Srta. Joerissen estavam fora de discussão: seu catolicismo resistia a todas as provas; tinha experiência na fundação de escolas de Serviço Social; conhecia a América Latina. Em suma, ela preenchia as condições para assumir a direção da escola peruana.[56]

Possivelmente, a intervenção direta da esposa do Presidente da República determinou que fosse rápida a cristalização do projeto, mesmo que este — prescindindo de apoio tão especial — contasse com suficientes requisitos para ser acolhido e aprovado. De fato, como já sustentamos, a fundação desta escola se insere na política social estatal conduzida pelo governo Benavides. Ao contrário do que ocorreu com a efêmera experiência da escola das visitadoras sociais, desta vez o funcionamento da ESSP contava

---

55. Anos mais tarde, quando do Primeiro Congresso Nacional de Serviço Social, a sua secretária geral, Srta. Rosa Escarcena A., se referia à escola e à esposa do Presidente Benavides nos seguintes termos: "Há dez anos, por iniciativa de uma grande realizadora de obras sociais, a Sra. Francisca de Benavides, fundou-se a Escola de Serviço Social do Peru e, desde então, legiões de jovens peruanas, com o ideal na cabeça e o amor por quem sofre no coração, passam pelas salas da escola e — compenetradas da importância do lema 'O Filho do Homem não veio para ser servido, mas para servir' — abraçam a nobre carreira do serviço ao próximo". Este discurso foi pronunciado na sessão solene de instalação do congresso, com a presença das mais altas autoridades nacionais, entre elas o Presidente da República, o Ministro de Saúde Pública e Assistência Social, o Cardeal do Peru e a primeira dama, Sra. María Jesús Rivera de Bustamante. Diante destas autoridades e de mais de trezentos assistentes ao congresso é que a Srta. Escarcena pronunciou tão emocionadas palavras. Cf. *Anales del Primer Congreso Nacional de Servicio Social*, p. 47.
56. Cf. Maguiña. Op. cit.

com pleno respaldo e apoio oficiais, e a escola estava destinada a ser o elemento funcional de um plano de expansão estatal (inversamente à experiência anterior, que fora a expressão tardia de um regime derrubado).

Não obstante, a intervenção de Francisca de Benavides foi mais que algo episódico: sua efetiva participação no projeto não derivava só da sua condição privilegiada de primeira dama, mas sobretudo da sua arraigada fé católica e dos seus compromissos com a obra social da Igreja. Na experiência peruana, a conjunção destes dois elementos — a cooptação pelo Estado e a influência religiosa — é fundamental para a compreensão da evolução da escola.

Na sua formação, diferenciaram-se as funções assumidas pelo Estado e pela Igreja, mesmo que as distinções não tenham sido explicitadas. Ao Estado correspondeu a promulgação da Lei nº 8.530, de abril de 1937, pela qual se criava a ESSP, fixavam-se os mecanismos de financiamento, as relações de dependência para com o Estado, os organismos encarregados da sua condução etc. A Igreja, por seu turno, assumiu a orientação ideológica e a estrutura acadêmica — tarefas que pôde desempenhar graças à sua inserção no poder e à influência que sempre conservou, apesar de alguns enfrentamentos que teve com o bloco dominante.

Por isto, proposta a criação da ESSP, não se constatam disputas acerca da responsabilidade da sua organização. Mais ainda: tudo indica que, previamente, já se fixara a decisão de colocar o centro de estudos em mãos católicas, as mais aptas, do ponto de vista dos governantes, para geri-lo. A moral e a prática da Igreja eram a sólida garantia requerida pelo poder — especialmente se se leva em conta que, no Peru, desde o início do século, a instituição universitária fora invadida por contingentes oposicionistas. O objetivo, agora, era formar estes novos profissionais com plena adequação às exigências do Estado — e ninguém melhor que a Igreja católica para fazê-lo.

Por outra parte, a entrega da ESSP aos "cooperadores" católicos oferecia outras garantias adicionais, já que estes tinham a experiência da fundação de mais escolas latino-americanas, como o prova a própria figura indicada para a sua direção, uma profissional européia que vinha de participação similar na Elvira Matte de Cruchaga: a Srta. Joerissen podia, no novo cargo, tanto utilizar as suas relações com a escola chilena quanto os conhecimentos adquiridos naquela empreitada.

Quando Joerissen assumiu a direção da ESSP, a escola chilena tinha quase dez anos de existência. Compreende-se, pois, que o centro de Santiago fosse um modelo a imitar. A Elvira Matte de Cruchaga não exibia só as virtudes da sua organização interna, mas ainda as da sua influência internacional. No primeiro caso, estavam a sua estrutura acadêmica, a disciplina dos estudantes, a severidade do ensino religioso, as obras sociais, o prestígio da instituição em relação ao poder etc. No segundo, os diversos testemunhos de reconhecimento ao apoio que ela oferecia para a formação de outras escolas.

Nesta perspectiva, a escola peruana também se inscreveu na estratégia de continentalização do Serviço Social católico, que foi possível na medida em que se compatibilizava com as condições internas dos vários países onde ela foi aplicada. No Peru, por exemplo, a fundação da ESSP resultou das estreitas relações entre o Estado e a Igreja católica que, entre outros aspectos, coincidiam na elaboração de uma política estatal de controle sobre o movimento popular.

O primeiro Conselho do Patronado de Damas encarregado da direção administrativa da escola, que, por sua vez, dependia do Ministério da Saúde Pública, Trabalho e Previsão Social, foi presidido inicialmente pela Sra. Benavides, e se compunha de outras oito senhoras.[57] Sobre este primeiro colegiado, Maguiña faz quatro observações:

"1. Trata-se de 'damas', ou seja, senhoras da alta sociedade, vinculadas ao governo de Benavides e aos círculos sociais e empresariais mais privilegiados da época;

2. tais senhoras não possuíam nenhum relevo nos meios acadêmicos, à exceção de María Rosario Araoz, egressa do Instituto Pedagógico Nacional de Mulheres;

3. era reconhecido o fervor católico de todo o grupo, onde predominavam as ativistas da Ação Católica;

4. todo o grupo se distinguira anteriormente, de uma ou outra forma, por sua participação em 'obras de caridade' desenvolvidas pela iniciati-

---

57. A partir de 1940, e por cinco anos, assumiu a presidência do Patronato a Sra. Enriqueta Garland de Prado, primeira esposa do presidente Manuel Prado, sucessor do general Benavides.

va privada e sob mentalidade filantrópica, bem conforme às tradições senhoriais das cúpulas oligárquicas"[58]

Nos seus primeiros anos de vida, a profissão esteve fortemente influenciada pela medicina, com a qual colaborava no enfrentamento das deploráveis condições de salubridade pública. Assim o comprovam o plano de estudos original (que tinha uma duração de dois anos), a equipe de docentes, os centros de prática (Caixa Nacional de Seguro Social, Departamento de Mulheres e Menores do Ministério da Saúde, Trabalho e Previsão Social, Hospital da Criança, Hospital Operário, Reformatórios de Menores, cantinas para mães etc.)[59] e o ambiente de trabalho que recebeu as primeiras graduadas, onde se destacava como objeto de intervenção a saúde operária, tomada em seu sentido mais amplo.

A equipe docente da escola constituiu-se, majoritariamente, por profissionais de reconhecido prestígio intelectual, que se salientavam por seu desempenho universitário, o que evidencia o respaldo recebido pela ESSP do meio intelectual burguês da época.[60]

A formação acadêmica enfatizava a preparação doutrinária tanto através de cursos explicitamente ministrados para este fim (religião, ética profissional, moral), quanto mediante cadeiras de cariz científico (que eram marcadas por uma orientação predominantemente introdutória e informativa). O primeiro plano de estudos estimulava também a preparação para

---

58. Maguiña. Op. cit., p. 117.
59. Os temas do Primeiro Congresso Nacional de Serviço Social (1947) foram os seguintes: "O Serviço Social na Proteção Materno-Infantil". "O Serviço Social no Campo Médico", "O Serviço Social Criminológico" e "O Serviço Social Escolar". É notável o peso importante dos assuntos ligados à saúde neste temário. Ademais, participaram do encontro, como expositores e assistentes, muitos médicos. Cf. *Anales...*, op. cit., p. 13-15.
60. Entre os primeiros docentes da ESSP figuram as seguintes personalidades: Dr. Gregorio Durand Flores, professor de Noções de Biologia e Patologia Humana, superintendente do Sanatório de Collique; Dr. Manuel Salcedo Fernandini, professor de Puericultura e Pediatria (a partir de 1940) e diretor do Instituto Nacional da Criança, reconhecido como um dos principais animadores do Serviço Social; Dr. José Pareja y Paz Soldán, docente do curso de Geografia Humana e Social do Peru, reputado como um dos primeiros especialistas neste campo; Dr. Pedro Benvenuto Murieta, em 1938 encarregado do curso de Economia Política, profissional de importante trajetória acadêmica nas universidades Católica de Lima e El Pacífico (particular).

trabalhos considerados propriamente femininos (como economia doméstica), que, em larga medida, constituíam o corpo instrumental da profissão.[61]

A presença, entre os docentes da ESSP, de profissionais com prestígio intelectual serviu, sem dúvida, de significativo estímulo acadêmico para que as estudantes assumissem a sua preparação com seriedade e rigor, constatáveis nas teses apresentadas pelas vinte e oito participantes da primeira turma — nelas, é patente a preocupação concernente ao estudo dos problemas referidos aos setores populares, naturalmente sob uma ótica de classe peculiar.[62] O nível dos resultados obtidos — levando-se em conta a curta duração da preparação — só é explicável pelos antecedentes sociais das estudantes, na escala em que o seu meio social de origem lhes propiciou uma educação de base potenciada nas aulas da ESSP. Tanto como noutros países, especialmente em escolas católicas, o corpo discente procedia de famílias estreitamente vinculadas ao poder político e econômico; só com o correr dos anos esta base social foi alargada.[63]

---

61. Cf. Maguiña. Op. cit., p. 118 a 140, onde se oferece uma documentada análise de diversos aspectos dos primeiros anos de vida da ESSP, incluindo-se uma revisão das primeiras teses e investigações realizadas na escola, bem como dos seus primeiros centros de prática profissional e dos seus orçamentos.
62. A título de ilustração, e seguindo indicações de Maguiña (op. cit., p. 115), listamos teses apresentadas pelas primeiras graduadas pela escola. Os títulos, simplesmente, não dizem muito, mas sugerem os assuntos que mais preocupavam aquelas estudantes do ano de 1940: O Papel da Moradia na Vida Operária de Lima; O Ócio Operário no Peru; O Problema da Educação Popular no Meio Indígena de Puno; A Educação Popular como Proteção Infantil; Serviço Social no Bairro do Frigorífico; O Interesse Social da Conduta Pré-Natal; O Serviço Social na Concentração do Quarto Bairro Operário; Orientação Profissional da Classe Operária; A Campanha Antituberculose e o Serviço Social para Adultos; O Serviço Social no Bairro Operário da Vitória; O Serviço Social na Caixa Nacional de Seguro Social à Época do Terremoto; Educação do Lar Operário; Proteção à Mãe Abandonada; Estudo de um Centro de Trabalho e a Intervenção do Serviço Social; O Jardim de Infância, Fator Valioso do Serviço Social; A Necessidade de uma Preparação para o Matrimônio e a Colaboração do Serviço Social. São de observar duas coisas: primeira, a concorrência da problemática operária e popular, com ênfase na situação da capital; segunda, a grande maioria das teses (correspondendo a mais da metade daquelas da primeira turma) foi apresentada praticamente no momento do término do curso, à diferença do que vem acontecendo no meio universitário do Serviço Social, onde se tem tornado uma constante o adiamento da confecção das teses ou monografias, sem mencionar o grande número de estudantes que não cumprem com esta exigência.
63. Da primeira turma da ESSP fizeram parte, entre outras, as seguintes pessoas de conhecida extração social: Mercedes Belaúnde Irigoyen, Herminia Mujica Alvarez Calderón, Delia Protzel e Elsa Samanéz Concha.

Acorria à escola, pois, um seleto contingente de alunas, educadas nos "melhores" colégios de Lima, com sólida formação católica, vocacionadas para servir ao próximo e ansiosas para colocar em prática as suas convicções morais e atuar no meio popular. A ESSP não só ampliava e reforçava estas convicções cristãs, mas, ainda, acrescia-as com o instrumental técnico que viabilizaria a pretendida atuação.[64] Criada a escola para estas filhas das classes dominantes que optavam pelo apostolado, inaugurava-se um centro de estudos à medida de luva para as motivações educacionais de algumas famílias da chamada "sociedade". De uma parte, não as aproximava do inquieto e ameaçador meio universitário; de outra, não suprimia as suas reticências quanto à incorporação da mulher ao trabalho. A ESSP surgia como uma alternativa de formação para um apostolado que, na sua efetivação, ultrapassava os marcos da ação social da Igreja enquanto tal e que, ainda, correspondia às suas novas orientações para os leigos. Os "cooperadores" — na linguagem da *Quadragesimo Anno* — podiam dispor de uma alternativa de ação que não conflitava com o seu código de classe e lhes fornecia, neste âmbito, um campo de intervenção que contribuía para resguardar o sistema de dominação. Tratava-se de uma perspectiva a partir da qual podiam propor seus modelos, educar o povo, aproximá-lo da religião, mostrar-lhe a importância de dirigir as suas demandas pelos condutos institucionais, agir politicamente sem a consciência desta dimensão e apoiar o Estado na tarefa de travar o desenvolvimento de uma consciência popular oposta à hegemonia das classes dominantes. Em suma: contribuir para forjar uma consciência que aceitasse as diferenças de classe como resultantes de uma ordem natural dada, controlando a influência de idéias ameaçadoras para a religião e o Estado.

---

64. O Dr. Teófilo Ibarra Samanéz, docente da escola e membro da Mesa Diretora do Primeiro Congresso Nacional de Serviço Social (novembro de 1947, Lima), que comemorou o décimo aniversário de fundação da ESSP, no discurso que pronunciou na Sessão Solene de instalação do encontro, afirmou: "São raras as profissões que exigem tanto do seu agente como o Serviço Social. A formação da assistente social supõe, simultaneamente, o apostolado e o profissionalismo. O apostolado responde pelo aspecto missionário da função da assistente social, aquele que a faz aproximar-se do caído para ensiná-lo a levantar-se. Este caráter missionário se nutre de dinamismo e amor. Dinamismo que é solicitude e atividade, amor que é simpatia e compreensão". Com estas palavras, o Dr. Ibarra renovava, no Congresso, aquela tão arraigada concepção de que, no Serviço Social, apostolado e profissão eram lados inseparáveis de uma só moeda. Cf. *Anales...*, op. cit., p. 37.

Ademais, o Serviço Social de inspiração católica favoreceria a restituição da imagem social das classes dominantes, há tanto tempo comprometidas com a repressão, dada a sua incapacidade para formular e implementar uma política institucional de reformas para atender às sempre postergadas e múltiplas demandas populares. Na medida em que as assistentes sociais atuavam como porta-vozes do bem, da justiça social e do amor ao próximo. Poderiam transladar os efeitos desta relação às classes proprietárias, colaborando para uma melhoria das suas imagens sociais e para a ampliação do seu domínio. Para tanto, os contingentes profissionais não só estavam em relação direta com a população, mas contavam ainda com o complexo de figuras e instituições que promoviam este projeto, com a esposa do Presidente da República na primeira fila.

Por seu lado, a Igreja católica, acompanhada de núcleos seletos dos seus fiéis ativistas, também ensaiava novas formas de atuação, intervindo comprometidamente nas políticas implementadas pelo Estado e complementando, assim, as tarefas que ela mesma dinamizava no plano secular.

Para as pioneiras da profissão, a opção pelo Serviço Social era — tal como vimos no caso da Elvira Matte, de Cruchaga — mais algo ligado à vocação que à profissão. Aqui também se visualizava um apostolado, mediante o qual se punham em prática convicções religiosas, numa busca que, em última instância, se referia à *salvação pessoal*. Tratava-se, pois, de um compromisso totalizante, no qual as motivações econômicas tinham um caráter subordinado. No exercício do seu trabalho filantrópico, o que entrava em jogo, por parte das pioneiras, eram a sua ideologia, a sua moral, as suas convicções, a sua renúncia e a sua entrega pessoal, permanecendo quase sempre obscurecidas as exigências materiais. Eis o que explica, em larga escala, a subalternalização de múltiplas demandas profissionais (embora date de maio de 1941 a fundação da Associação Peruana de Assistentes Sociais), no que contribuiu o fato de as primeiras assistentes sociais, dada a sua extração social, não dependerem do seu salário para viver. Aliás, só com a democratização do Serviço Social é que as demandas materiais tornaram-se objeto de uma efetiva preocupação.

Assim enquadrado, o Serviço Social forjou uma força de trabalho plenamente disponível, que não exigia equivalências entre a atividade realizada e a remuneração salarial. Estabelecendo-se neste espaço, tanto plasmou os seus próprios interesses quanto as exigências dos seus empregadores. No decorrer do tempo, mesmo mudadas as circunstâncias materiais sobre as quais se montou este esquema de atuação, a característica se manteve vigente na profissão, influindo ponderavelmente. Provavelmente em mais de um caso o valor de uso do Serviço Social, em boa medida, sustentou-se por sua plena disponibilidade. Sabe-se que estas colocações provocam resistências, mas não se pode escamotear o fato de que estes traços pertinentes dos anos iniciais da profissão a tenham impregnado significativamente e marcado sua evolução — e não é de estranhar que as recentes rupturas, fundamentalmente no plano profissional, sejam também produto de uma espécie de indesejada paternidade.

Já vimos que a criação da ESSP respondia igualmente a uma política social da Igreja Católica, sistematicamente praticada em vários países latino-americanos. Vejamos agora, brevemente, qual o perfil da Igreja no Peru e como a ESSP inscreveu-se nas suas intervenções.

Nos anos trinta, década de intensa agitação social, a Igreja participou ativamente da vida política do país. Sua identidade com o bloco dominante foi notavelmente reforçada pelo grau de polarização das lutas de classes. A presença ameaçadora de um movimento popular que abalava os suportes da dominação — pugnando não só por reivindicações, mas para se converter numa alternativa de poder — fez com que a hierarquia optasse pela garantia da ordem social imperante, agindo solidariamente com a oligarquia latifundiária e funcionando como fator de coesão no interior do bloco dominante.

A Igreja peruana compartilhava inteiramente do anti-*aprismo* e do anticomunismo esposado pelas classes dominantes. O próprio Haya de la Torre referia-se à Igreja como um sustentáculo da oligarquia. Ainda que a Igreja, em si mesma, não se visse ameaçada, o que estava em risco naqueles anos era a supremacia do Estado burguês — e era este risco que, no limite, punha em jogo a situação da própria Igreja. Por isto mesmo, a sua atuação, à época — salvo casos não documentados —, incidia no apelo à população para que desse provas de cordura, advertindo-a das conseqüências da desobediência às instituições burguesas diante dos olhos de Deus.

A Igreja peruana, constantemente, colava-se ao poder. Esteve ao lado de Leguía que, em maio de 1923, entronizou no país o Coração de Jesus — motivando um ardente protesto estudantil, liderado por Haya de la Torre. Acompanhou igualmente a Sánchez Cerro, o caudilho militar que depôs Leguía. Comportou-se do mesmo modo nos sucessivos governos e encontrou no general Benavides um aliado magnífico, com o qual dividiu a simpatia pela Europa fascista, entendendo-a como berço do Ocidente e incontornável fonte cultural. Evidentemente, os laços econômicos que então se mantinham com a Europa explicam que os olhos das classes dominantes se voltassem preferencialmente para o Velho Mundo.

No caso da história peruana não se registra uma experiência como, por exemplo, a da Igreja brasileira — que, para reconquistar um espaço ao lado do poder, teve que articular um vigoroso movimento de reação católica, que implicou numa renovação intelectual e orgânica.[65] No Brasil, o surgimento de uma burguesia moderna, diferenciada da oligarquia, levou a Igreja a redefinir a sua política de alianças a fim de conquistar um lugar no novo esquema de poder.

O Peru de então desconheceu um processo semelhante, capaz de operar rupturas no seio do bloco dominante. A tentativa industrializante de Leguía fracassou pela inexistência de uma fração burguesa que pudesse beneficiar-se especificamente da sua política. Com a sua deposição, retornou ao poder o estilo senhorial dos oligarcas e latifundiários. Além disso, como é sabido, a Igreja católica tinha uma longa história como fator substantivo da dominação procedente daquela empresa político-religiosa que foi a Conquista pelos espanhóis.

A caracterização da Igreja colonial, por Mariátegui, é também válida para individualizá-la no período de que nos ocupamos. Dizia o *Amauta:*

"Os choques entre o poder civil e o poder eclesiástico não tinham nenhum fundo doutrinário. Expressavam uma querela doméstica. Dependiam de um estado latente de concorrência e de equilíbrio, próprio de países onde a colonização se via maiormente como evangelização e onde a autoridade espiritual tendia facilmente a deslocar a autoridade temporal".[66]

O Estado peruano professava-se católico e o sufocante peso de séculos de influência e predomínio da religião católica fazia sentir o seu efeito na história mais recente. O Peru é um país em que o predomínio do catolicis-

---

65. Se esta foi a atuação dominante da Igreja católica peruana neste século, não podemos deixar de assinalar que, no seu interior, sempre existiu secundariamente uma "linha popular", presente na defesa do índio ao tempo da colônia, na saga da independência e também nas lutas operárias, populares e camponesas daquelas décadas convulsas. Mas esta "linha" alimentava-se mesmo de iniciativas dispersas e isoladas, bem diferente do movimento orgânico que hoje atua e gravita no processo social peruano sob a inspiração da chamada *teologia da libertação.*
66. Mariátegui, J. C. *7 Ensayos de Interpretación de la Realidad Peruana,* p. 188.

mo se viu favorecido pelo escasso eco do protestantismo; a ausência de importantes fluxos migratórios europeus contribuiu para a consolidação e a ampliação do poder católico. E esta é uma razão a mais para compreender o que representava, para os interesses da Igreja, a emergência de movimentos políticos que questionavam a sua atuação e a acusavam de suporte do regime oligárquico contra o qual se levantavam.

Destarte, quando o Presidente Benavides iniciou uma política de reformas sociais, contou com o beneplácito desta Igreja. De resto, as medidas de Benavides criavam melhores condições para que ela implementasse mais rigorosamente as orientações contidas tanto na *Rerum Novarum* quanto na *Quadragesimo Anno*. Assim, contando com "cooperadoras" formadas numa escola especialmente criada para este fim, a Igreja passava a uma nova etapa na história do seu apostolado. A sua larga experiência na prática da caridade e o assistencialismo de cariz senhorial, da colônia à república, seriam progressivamente renovados com a profissionalização de grupos seletos da sua intelectualidade.[67]

Claro está que, para um clero nutrido pelas fontes senhoriais da oligarquia, estas mudanças não representavam necessariamente um avanço. Em mais de um caso, foram vistas como ameaçadoras para a hierarquia, na medida em que o Estado assumia funções e cooptava atividades que por longo tempo foram exclusivas da Igreja. Provavelmente, muitos segmentos teriam preferido a sobrevivência do modelo anterior, mas as determinações de uma realidade cambiante impunham novas regras ao jogo, e a Igreja tinha que adequar-se a elas.

---

67. Recordemos (aproveitando indicações de Basadre, J. *Historia de la República del Perú*, p. 316 e s.) algumas das instituições de caráter filantrópico patrocinadas pela Igreja, entre finais do século XIX e princípios do século XX. Dona Mercedes Castañeda Coello fundou, em 1896, a Congregação das Religiosas Reparadoras do Sagrado Coração, para, segundo Basadre, "se dedicarem à Adoração do Santíssimo Sacramento, à oração que purga os pecados do mundo, à educação cristã da infância e da juventude, assim como ao cuidado dos doentes em suas casas". Esta congregação recebeu a proteção especial do Papa Leão XIII. Por sua vez, a Congregação das Missionárias Dominicanas do Santíssimo Rosário, fundada pelo vigário apostólico de Urubamba e Madre de Dios e pela Sra. Ascención Nicol Goñi em 1918, tinha por finalidade educar crianças e jovens e assistir a doentes e pobres, especialmente em áreas pouco evangelizadas. Em 1919, foi criada a Congregação das Defensoras da Cruz, pelas filhas do Presidente da República, Dom Manuel Candamo, Teresa e Maria. Elas fundaram a congregação para que se dedicasse à educação da infância e da juventude, à difusão da liturgia, à catequese e à instalação de pensionatos para universitárias e empregadas. São ainda dos primeiros anos do século XX as seguintes congregações femininas: a do Menino Jesus de Praga, a das Missionárias Paroquianas, a das Franciscanas Concepcionistas de Copacabana e a das Irmãs do Serviço Social da Imaculada.

Capítulo IV
Pan-Americanismo "Monroísta", Desenvolvimentismo e Serviço Social

Os países do continente que surgiram para a vida independente em finais do século XVIII (os Estados Unidos) e princípios do século XIX (a América de tradição ibérica) procuraram, desde muito cedo, reforçar as bases da sua unidade geográfica, determinando as suas coincidências políticas essenciais, quer sob o código republicano, quer sob claras premissas anticolonialistas. A Doutrina Monroe (1823), mais além de suas posteriores modificações, e o Congresso Anfictiônico do Panamá (1826) marcaram a necessidade de as jovens repúblicas integrarem seus esforços para a mútua defesa, já que permaneciam as ameaças extra-continentais.

No entanto, desde esta época, é possível distinguir duas propostas alternativas que, seguindo a Vasconcelos, podemos denominar como *bolivarismo* e *monroísmo*:

> "Chamaremos bolivarismo ao ideal hispano-americano de criar uma confederação que envolva todos os povos de cultura espanhola. Chamare-

mos monroísmo ao ideal anglo-saxônico de incorporar as vinte nações hispânicas ao império do Norte, mediante a política do pan-americanismo".[1]

Quanto ao ideal bolivariano, sempre latente, pôde avançar muito pouco no século XIX, apesar das reuniões celebradas sob o seu signo em Lima (1847), Santiago do Chile (1856) e novamente Lima (1864). Já o pan-americanismo, mesmo operante no século XIX, é nos seus finais que passa a definir-se programaticamente de modo mais sistemático, em especial a partir das Conferências Inter-Americanas realizadas em Washington (1889), México (1901), Rio de Janeiro (1906), Buenos Aires (1910), Santiago do Chile (1923), Havana (1928) e Montevidéu (1933). Realmente, sua afirmação ocorre quando os Estados Unidos, após a sua guerra civil e a anexação de territórios mexicanos, concluíram a sua reconstrução e desenvolveram a sua política expansionista, elevando-a a novo patamar e concorrendo vorazmente com as potências européias. Ou seja: quando o lema de Monroe, "A América para os americanos", converte-se de fato em "A América para os norte-americanos", o pan-americanismo oficial não é mais que uma estratégia dos Estados Unidos para ganhar hegemonia no continente.

Contudo, este primeiro momento do pan-americanismo (1889-1933) não representou de imediato o predomínio norte-americano sobre o continente. Por exemplo: na Primeira Conferência Inter-Americana, os Estados Unidos não obtiveram o apoio necessário para definir um regime de arbitragem obrigatória entre as nações americanas, nem a união alfandegária que postulavam. Apesar disto, em 1890, Washington conseguiu criar o Escritório Comercial das Repúblicas Americanas, para, em seguida, a partir desta instituição, criar, em 1910, em Buenos Aires, a União Pan-Americana (UPA). Simultaneamente a este trabalho organizativo e diplomático, os Estados Unidos capitalizaram a seu favor os últimos triunfos dos povos americanos em sua luta contra o colonialismo hispânico (Cuba, 1898) e, valendo-se da chamada Emenda Platt e outros instrumentos de força, impuseram uma política expansionista, mediante a qual anexaram Porto Rico, Filipinas e Guam, converteram Cuba e Panamá em protetorados, e controlaram, política e economicamente, São Domingos, Nicarágua e Haiti, ins-

---

1. Vasconcelos. J. *Bolivarismo* y *Monroísmo. Temas Americanos,* p. 7.

taurando nestes países governos ditatoriais alinhados incondicionalmente a Washington.

A larga história das intervenções norte-americanas nas repúblicas da América Central e do Caribe, bem como no resto do continente, até hoje acumula incidentes.[2] No entanto, por ocasião da VII Conferência Inter-Americana (Montevidéu, 1933), a política de boa vizinhança preconizada por Franklin D. Roosevelt comprometeu-se com o respeito ao princípio da não-intervenção nos assuntos internos dos países do continente — logo depois ratificada em Buenos Aires (1936), criando bases mais propícias para definir a unidade continental em face do Eixo nazi-fascista durante a Segunda Guerra Mundial.

1. O pan-americanismo posterior à guerra e a OEA

A experiência do período da Segunda Guerra Mundial e a enorme força acumulada pelos Estados Unidos depois do triunfo aliado permitiram finalmente a este país organizar a sua hegemonia a nível mundial após a Conferência das Nações Unidas sobre Organização Internacional (São Francisco, 1945) e dar um passo decisivo para o seu predomínio continental com a celebração, no Rio de Janeiro (1947), do Tratado Inter-Americano de Assistência Recíproca (TIAR), com o qual se assentaram as bases militares do pan-americanismo "monroísta" — em si mesmo, o suporte estratégico requerido para a criação da Organização dos Estados Americanos (OEA), consubstanciada na assinatura da Carta de Bogotá (1948), no decurso da IX Conferência Internacional dos Estados Americanos.

É possível dizer-se que durante a Segunda Guerra Mundial se engendra e, com o TIAR e a OEA, se consolida uma segunda fase do pan-americanismo monroísta que, revelando-se jurídica e organicamente mais elaborada, desenvolve-se no interior de uma complexa trama de vínculos e compromissos de crescente dependência em face da potência do norte.

---

2. A agressão à Argentina e à América Latina, que reuniu a Grã-Bretanha e os Estados Unidos nas Ilhas Malvinas, não é apenas o mais recente desses incidentes. É também o que mais claramente revela o caráter imperialista dos anteriores e o que mais diretamente desafia e reclama a solidariedade continental dos nossos povos. (Recorde-se que o autor escreveu este texto antes da brutal agressão imperialista a Granada. *N. dos T.*)

Com a criação da OEA, tais nexos de dependência encontram um núcleo centralizador de poder, cujo caráter jurídico multinacional permite aos Estados Unidos legalizar e aprofundar a sua intervenção e o seu predomínio no continente. Para tanto, bastar-lhes-á controlar os diferentes órgãos de poder previstos na Carta da OEA, ou seja, a Conferência Inter-Americana (instância mais alta), a Reunião de Consulta dos Chanceleres, o Conselho, a União Pan-Americana, as Conferências e as Organizações Especializadas.

Quanto à União Pan-Americana (UPA) — fundada, como dissemos, em 1910 —, a Carta da OEA a recupera, investindo-a na categoria de Secretaria Geral da OEA, sediada em Washington, ao mesmo tempo em que a reorganiza, revigorando os seus diversos departamentos técnicos — Assuntos Econômicos, Assuntos Sociais, Estatística, Cooperação Técnica, Assuntos Culturais, Assuntos Educacionais, Assuntos Científicos, Assuntos Jurídicos e Informação Pública. Ulteriormente, no bojo do que seria o Departamento de Assuntos Econômicos e Sociais, sob a direção da Divisão de Assuntos Sociais, organizar-se-ia a Seção de Serviço Social, através da qual a OEA desenvolveu diretamente a sua influência na formação e na prática dos assistentes sociais latino-americanos, viabilizando ideológica, política e economicamente a proposta norte-americana do desenvolvimento da comunidade como técnica e como campo de intervenção profissional.

Por outro lado, enquanto organismos subordinados à ONU, 'instituições como a UNICEF, a FAO etc., passaram também a se articular no continente, através da OEA e, no caso do Serviço Social, a União Católica Internacional de Serviço Social (UCISS). E a própria OEA, por meio da sua Divisão de Habitação e Planejamento, criou o Centro Inter-Americano de Habitação (CINVA), órgão que desde a sua fundação, em Bogotá, em 1952, passou a influir decisivamente na formação dos assistentes sociais não apenas no campo da habitação, mas ainda no do desenvolvimento da comunidade, do planejamento e da prática profissional integrada em equipes multidisciplinares.

Porém, este estímulo ao planejamento, ao desenvolvimento da comunidade e à renovação das equipes técnicas e dos quadros profissionais não deve ser visto como uma proposta singular ou dirigida fundamentalmente para orientar a prática profissional dos assistentes sociais. Ao contrário: tudo isto deve ser visualizado como integrante da ampla estratégia com a qual os países desenvolvidos — e especialmente os Estados Unidos —

procuravam criar as condições (políticas, administrativas e culturais) mais propícias para integrar e dinamizar o desenvolvimento do capitalismo e o mercado latino-americano sob a sua hegemonia financeira. No que toca às condições administrativas requeridas por esta empreitada, tornava-se necessário renovar o aparelho tecnocrático dos Estados, tecnificando-o e dotando-o de um corpo de profissionais mais funcional ao sistema.

Com efeito, quando tudo isto se desenrolava na América Latina existiam apenas umas poucas profissões aptas para se adequarem a estas novas demandas. E isto entre aquelas de maior prestígio — a medicina, a advocacia, a arquitetura —, mas também entre aquelas que tendiam a se alocar nos escalões médios ou inferiores da administração pública — a Pedagogia e o Serviço Social. Por isto, durante uma primeira etapa, que se conclui em meados dos anos cinqüenta, compreende-se tenham sido estes os profissionais que receberam formação especializada em nível de pós-graduação (tanto em planejamento como em administração e, ainda mais especificamente, em desenvolvimento de comunidade). Já nos meados da década de cinqüenta se produz o chamado *boom* universitário, processo através do qual não só se multiplicaram os centros docentes e os corpos discentes, mas as próprias profissões e, entre estas, aquelas tributárias das ciências sociais, a sociologia, a antropologia e a psicologia. Cabe destacar, ainda, que foi só com o desenvolvimento destas profissões que o funcionalismo e a influência norte-americana puderam assegurar e estender o seu predomínio e que só quando isto ocorreu se pôde também situar plenamente no discurso oficial o esquema desenvolvimentista que foi assumido pelos Estados latino-americanos após a Revolução Cubana.

Enquanto isto não se consolidou, o assistente social foi o profissional convocado para ocupar-se do "social" no interior das equipes multidisciplinares que se formavam nos diversos centros de especialização. Deste modo, o Serviço Social foi também a profissão que mais precocemente ficou exposta às teorias funcionalistas e à influência das colocações desenvolvimentistas — viabilizadas, no seu caso particular, pelo campo de trabalho aberto com as políticas de desenvolvimento de comunidade. Neste sentido, é de assinalar a importância que tanto o Serviço Social quanto o Desenvolvimento de Comunidade tiveram nos significativos Seminários Regionais de Assuntos Sociais patrocinados pela OEA em 1950-1951.

Não obstante, antes de nos referirmos detalhadamente a estes seminários, consideramos útil resumir brevemente as experiências prévias e extra-continentais que as grandes potências colonialistas e neocolonialistas acumularam em décadas passadas no âmbito do "desenvolvimento" e da "organização" de comunidades, centrando-nos em suas duas principais vertentes — a inglesa e a norte-americana.[3]

2. O desenvolvimento de comunidade como proposta: antecedentes na Inglaterra e nos Estados Unidos

"O que se conhece como desenvolvimento de comunidade surgiu e se desenvolveu inicialmente, e de modo amplo, nas possessões coloniais inglesas da Ásia e África. Nos anos vinte, o Escritório Colonial Britânico encarregou-se de impulsionar os programas requeridos pelo regime colonial para organizar um controle superior sobre as populações dominadas. Embora outras metrópoles tenham recorrido a políticas e técnicas semelhantes, foram os ingleses os que mais usaram e difundiram este procedimento, divulgando inclusive a sua denominação, ampliando até este nível a sua influência e o seu poderio, no bojo do competitivo ordenamento colonial da época.'

Dentro da multiplicidade de formas de intervenção e programas que os ingleses impulsionaram nos seus domínios coloniais, destacaram-se inicialmente os que se inseriam no campo educacional — a integração cultural e a capacitação da força de trabalho —, destinados a acelerar o trânsito ao capitalismo e a assegurar a subordinação das forças autonomistas das nações dominadas. Sob este prisma — devidamente salientado na obra de Bonfiglio, que citamos —, os programas iniciais de desenvolvimento de comunidade, auspiciados pelos ingleses (e, depois, durante os próprios processos de descolonização), devem ser considerados

> "como estratégias de dominação e controle estatal das contradições sociais, já que tentavam, por um lado, conter as tendências emancipacionistas das colônias e, por outro, redefinir os laços coloniais — valendo-se de governos acumpliciados ou títeres —, num momento histórico em que o simples controle militar da metrópole era insuficiente para manter o domínio colonial"

---

3. Para mais detalhes e referências, cf. Bonfiglio, Giovanni. *Trabajo Social y Desarrollo de la Comunidad. Bibliografía y Ensayo.*

ou assegurar a prosperidade dos negócios do capital monopolista. Para isto, era necessário — como estava inscrito no desenvolvimento de comunidade — incidir sobre o desenvolvimento desigual não para suprimir as desigualdades nacionais, mas para que a combinação entre tais desigualdades (nacionais e regionais) permanecesse favorável às metrópoles imperialistas nas suas sucessivas fases de expansão e crise.

Neste sentido, após a conquista da independência — sob as diversas modalidades de que se revestiu o processo, quer na Índia, no Ceilão ou na Birmânia —, o "desenvolvimento de comunidade" continuou sendo funcional ao ordenamento interno e externo do regime neocolonial, tanto como a chamada "organização de comunidade" o era em países desenvolvidos, como os Estados Unidos, para atender às desigualdades no seu próprio mercado, controlando as pressões reivindicativas das minorias rurais e urbanas, geradas ou postergadas pela anarquia capitalista.

É de especial interesse assinalar que, paralelamente ao desenvolvimento de comunidade no período de descolonização da África e da Ásia, nos Estados Unidos se aplicaram políticas similares, embora com uma ênfase técnica maior e com uma mais alta vinculação profissional do Serviço Social enquanto método orientado à "organização" da comunidade. Conseqüentemente, desenvolvimento e organização de comunidade são métodos que, mesmo surgindo em realidades diferentes e obedecendo a distintos propósitos, têm essencialmente um caráter comum, cujos elementos, já nos anos cinqüenta,

"confluem na sistematização de um conjunto de técnicas e processos —mediante a intervenção de organismos internacionais —, derivando no desenvolvimento de comunidade tal como hoje é conhecido".

Prosseguindo com sua disquisição, afirma o autor que estamos citando que:

"O surgimento desta nova modalidade de intervenção no Serviço Social norte-americano reflete a presença de múltiplas influências e determinações constitutivas da singularidade histórica dos Estados Unidos, entre as quais se destaca a sua abertura a um seleto fluxo migratório europeu, não só de operários, artesãos ou comerciantes, mas de profissionais e intelectuais portadores da rica experiência cultural do velho continente.

Realmente, este contingente contribuiu para desenvolver as ciências sociais norte-americanas desde os princípios do século, bem como para matizar com nuances inovadoras o próprio Serviço Social. Mas não é a influência cultural européia o fundamento deste processo, e sim o contraditório dinamismo interno que nele deflagra o aprofundamento do capitalismo monopolista, com a agudização das desigualdades sociais por meio das quais, intermitentemente, se reordenam as forças contrapostas que operam na afirmação da integração nacional. Sabe-se que, nas primeiras décadas do século, tais contradições se expressaram através de convulsões, onde não só o proletariado, mas diversas minorias nacionais e populações urbanas e rurais deslocadas e abandonadas, reivindicaram condições de vida e de trabalho, ou ainda de democracia, lutando contra a discriminação, o racismo, as péssimas condições habitacionais etc.

Respondendo a estas demandas, ou males sociais, em princípios dos anos vinte surgem nos Estados Unidos os Conselhos de Planejamento de Comunidade, ou Conselhos Locais para o Bem-Estar Comunitário, basicamente destinados a promover a coordenação dos serviços assistenciais, evitar a sua dispersão e planejar e dinamizar a integração de serviços prestados por instituições distintas. Todos eles eram financiados por fundos comunitários. Deles participavam as autoridades locais; as direções de escolas e igrejas e associações privadas, bem como organismos representativos da comunidade (clubes e associações beneficentes).

Tais conselhos eram geridos por um pessoal que, crescentemente, devia enfrentar uma maior complexidade técnica e administrativa na função de planejar a prestação de serviços variados (saúde, lazer, cuidados com a juventude etc.), bem como coordenar os trabalhos das diversas instituições envolvidas. Tornou-se preciso, pois, que profissionais eu técnicos substituíssem os funcionários políticos, ou os dirigentes das associações beneficentes, na busca de recursos, na proposição de objetivos e na definição de programas.

(............)

A crise de 1929 e a sua gama de problemas sociais (desemprego, desintegração social e inadaptação) criam as condições para que o debate sobre a organização de comunidade, emergente anos antes, revista-se de maior relevância. Paulatinamente, os assistentes sociais passam a ter maior ingerência nos Conselhos Locais e na função que então se denominava 'organização de comunidade'. Na década de trinta, a Conferência Nacional de Serviço Social dos Estados Unidos cria a seção de Organização da Comunidade, que patrocina estudos e informes com a finalidade de propiciar um marco teórico e técnico ao novo campo de atividade".[4]

---

4. Extraímos todas estas citações do livro mencionado de Bonfiglio.

É desnecessário fazer uma detalhada resenha histórica do que foram as experiências acumuladas pela Inglaterra e pelos Estados Unidos no tocante ao desenvolvimento e à organização de comunidade até a criação da ONU e da OEA para que possamos salientar os seus elementos comuns ou o grau em que tais elementos comuns convergiram no modelo ou tendência que aqueles organismos implementaram na América Latina no alvor da década de cinqüenta. Para tanto, basta-nos recorrer novamente a Bonfiglio, que sublinha dois componentes comuns a ambas as concepções: um ideológico e outro técnico-metodológico. Quanto ao primeiro, afirma o autor que

"a concepção dos que patrocinavam estas formas de intervenção consistia em considerar os problemas sociais (de integração ou modernização) como passíveis de tratamento a nível de cada 'comunidade', enquanto núcleos básicos ou células da sociedade. (...) Esta concepção..., relacionada com o pragmatismo inglês e com a corrente predominante na sociologia norte-americana, o estrutural-funcionalismo..., é, no fundo, a concepção liberal neocapitalista da sociedade e da economia".[5]

Vale dizer: trata-se de uma concepção que exclui da análise as lutas de classes e outorga ao mercado e à acumulação capitalistas o poder de organizar a história dos povos.

"Outro aspecto comum destes métodos de intervenção é o fato de ambos recolherem uma variada gama de técnicas, sobretudo aquelas que derivam do auge das ciências sociais aplicadas, verificado nesses anos — a psicologia social (muito empregada com objetivos de comunicação, persuasão, organização etc.), a dinâmica de grupos, a utilização da funcionalidade das lideranças e outros procedimentos que confluem no chamado método de grupo do Serviço Social. Há que mencionar, ainda, os métodos e técnicas da antropologia aplicada (estudo de sistemas de parentesco, de dialetos e idiomas nativos etc.), assim como as técnicas de educação e alfabetização de adultos."[6]

---

5. Idem.
6. Idem

3. A concepção funcionalista do desenvolvimento de comunidade

Os primeiros elementos do debate sobre o Serviço Social e sua participação na problemática da comunidade — como sugerimos — datam dos anos vinte, quando apareceram inicialmente nos textos de Joseph K. Hart, E. C. Lindeman, Bessie A. McClenaham, Walter Petit e Tesse F. Steiner,

"autores que, na década de vinte, formularam idéias numa época em que o padrão da comunidade fora modificado por uma nova cultura e uma economia urbano-industrial. Seu objetivo era a reconstrução das pequenas comunidades em áreas urbanas e rurais".[7]

Tais autores projetavam um processo que envolvesse cidadãos e técnicos, a partir de uma base elementar, para conseguir que a comunidade, no seu conjunto, fosse uma entidade criadora, no interior da qual a existência humana se tornasse mais factível.

Assinalou-se também que o efeito devastador do fenômeno econômico de 1929 contribuiu para que a discussão iniciada anteriormente tomasse maior significação, dando-se ênfase à importância da intervenção de profissionais especializados na orientação do desenvolvimento comunitário para redirecionar os processos sociais e despertar potencialidades latentes na população.

Em 1939, Robert Lane apresentou ao Congresso Americano de Serviço Social um informe sobre "O Campo da Organização da Comunidade", baseado na elaboração do pensamento de grupos de discussão estabelecidos em seis cidades. O documento

"visava definir a organização de comunidade como um campo de prática semelhante ao de casos ou grupos. Com isto, modificava-se profundamente a determinação das bases para as tentativas subseqüentes da integração da prática de organização de comunidade no interior da

---

7. Swartz, M. "Organización de la Comunidad", extraído da *Enciclopedia del Social Work*, sucessora do *Social Work Yearbook*, vol. 15, 1965. In: "Desenvolvimento de Comunidades", *Debates Sociais*, suplemento nº 1, abril de 1968, p. 3.

prática do Serviço Social. (...) Embora não apresentasse nenhum consenso quanto a uma definição formal da organização de comunidade como processo, o informe assinalava que as diferentes definições giravam em torno da mobilização de recursos para enfrentar as necessidades de criação de serviços sociais, de coordenação de esforços na execução de obras sociais e de elaboração de programas de bem-estar social".[8]

Por volta de 1940, outro autor, Arthur Dunham, escrevendo sobre "a literatura acerca da organização de comunidade", propôs um conceito para organização de comunidade:

"A arte ou processo de suscitar e manter um ajuste progressivamente mais efetivo entre as necessidades e os recursos do bem-estar social, vinculado à identificação de fenômenos, elevação dos padrões de eficiência, promoção e trabalho em equipe, promoção e apoio às relações intergrupais, aumento da compreensão pública, arregimentação do apoio e da participação públicos, criação, desenvolvimento e modificação dos programas de bem-estar social. A organização do bem-estar social pode realizar-se em qualquer área geográfica, ocupando-se da descoberta e da definição das necessidades, sua eliminação ou prevenção, bem como do tratamento de carências e deficiências sociais, da articulação dos recursos e das necessidades e do constante ajustamento dos recursos para um melhor desempenho em face das necessidades".[9]

Segundo Helen Witmer, autora do texto Serviço Social: Análise de uma Instituição Social, as atividades relacionadas à organização de comunidade pertencem tanto a instituições específicas do Serviço Social como a outras, inclusive de bem-estar. Mas a autora sugeria que, quando implementados pelo Serviço Social, os trabalhos de desenvolvimento da comunidade apresentavam traços peculiares.

Outros autores tentaram mostrar que a organização de comunidade era um processo do Serviço Social, comparável ao Serviço Social de Casos e ao Serviço Social de Grupos — com a comunidade constituindo-se num cliente em sentido próprio. Arleen Johnson, no escrito intitulado *Organização da Comunidade em Serviço Social* (1945), sustentava que "o assistente

---

8. Idem, p. 4.
9. Idem, p. 5.

141

social da comunidade torna-se um profissional... quando ajuda as pessoas da comunidade a descobrirem seus problemas comuns... e ajuda a fazer algo para superar esses problemas".[10] Mais autores se manifestaram sobre este assunto, coincidindo no fundamental e divergindo no episódico (particularmente quanto à combinação dos elementos intervenientes na denominada "organização de comunidade").

A conceptualização sobre organização de comunidade revela uma perspectiva profundamente funcionalista no trato da questão social e o seu desenvolvimento, quase exclusivamente, está centrado nas peculiaridades da sociedade norte-americana. A identificação das necessidades e a alocação de recursos reduzem a questão social a problemas técnicos, construindo, a partir deles, uma fórmula central que contempla múltiplas variantes de intervenção profissional.

Adestrado nestes parâmetros (adequação entre necessidades e recursos, identificação de umas e alocação de outros), o profissional de Serviço Social tende a concentrar a sua atenção sobre os elementos factuais e disponíveis, uma vez que a sua habilidade consistiria, justamente, em combiná-los de um modo otimizado. Seu trabalho justificar-se-ia na medida em que fosse capaz de responder aos problemas com aquilo que estivesse ao seu dispor. O apoio de entidades e agências era um componente que deveria ser adicionado à fórmula na medida em que fosse factível. Ademais, seu esforço deveria dirigir-se substancialmente para organizar a população com o objetivo de colimar realizações materiais — construção de escolas, centros médicos, serviços etc.

A polêmica sobre organização de comunidade acabou por impor a perspectiva desta sobre o Serviço Social, em sua atuação mesma, de forma que ela foi reconhecida, assim como o caso e o grupo, como outro procedimento de ação profissional.

Entretanto, a situação da América Latina era e é essencialmente distinta da norte-americana e, pois, todas as recomendações sobre as modalidades de intervenção não podiam ignorar esta realidade elementar. A dramática condição do nosso continente, por exemplo, não poderia encontrar respostas apropriadas sobre as premissas emanadas dos procedimentos de organização de comunidade gestados nos Estados Unidos. Os profundos

---

10. Idem, p. 6-7.

problemas derivados da sujeição econômica, do processo de proletarização da mão-de-obra, dos efeitos da expansão do domínio imperialista, entre tantos, constituíam barreiras infranqueáveis para as recomendações concernentes ao trabalho dos assistentes sociais, em sua busca de uma combinação mais adequada entre necessidades identificadas e recursos disponíveis.

Nesta discussão, porém, cabe distinguir dois aspectos: de um lado, a coerência e o significado real do discurso contido nos textos sobre desenvolvimento de comunidade; de outro, o impacto que o desenvolvimento de comunidade teve sobre o Serviço Social no continente.

Quanto ao primeiro aspecto, ele propiciou uma polêmica carregada de subjetivismo e acreditamos que ainda está pendente o seu tratamento mais sistemático.

Inicialmente, trabalhou-se com a ficção de se estar jogando com um dos objetivos históricos do Serviço Social — contribuir na geração do bemestar coletivo e na superação do atraso, desenvolvendo instrumentos de intervenção próprios e compatíveis com um enfoque global.

A elaboração de métodos, que constituía uma de suas maiores preocupações, foi profusamente comentada. E o problema dos métodos passou a ser uma centralidade, em torno da qual gravitavam três questões principais: a maneira de introduzir inovações e melhorias, o estudo das necessidades, motivações ou estímulos para impulsionar a população a agir (em suma: como iniciar o processo) e a evolução do processo, uma vez estabelecido o projeto inicial.

A metodologia do Desenvolvimento de Comunidade elaborou-se a partir de um complexo esquema de execução, iniciado com a chamada investigação preliminar, o diagnóstico preliminar, o planejamento preliminar da ação, a sua execução preliminar e a sua avaliação também preliminar. Passava-se depois à investigação geral, ao diagnóstico geral e assim subseqüentemente.[11] Entrevistas com diversos profissionais que atuaram em programas deste gênero reforçam a hipótese de que a complexidade destes procedimentos foi menos um instrumental útil de trabalho e mais uma sofisticação dificilmente implementável.

---

11. Ander Egg, Ezequiel. *Metodología y Práctica del Desarrollo de la Comunidad.* p. 53.

Os métodos anteriores do Serviço Social (caso e grupo) foram subalternalizados em função das potencialidades atribuídas ao exercício do desenvolvimento comunitário, no qual a grande realização consistia, além do enfoque de problemas individuais ou grupais, na vinculação com projetos gerais de desenvolvimento. Afirma Ander Egg:

"Consideramos o Desenvolvimento de Comunidade como parte integrante do conceito mais amplo, mais geral e completo de Desenvolvimento, e o entendemos como método e técnica que contribui positiva, real e efetivamente ao processo de desenvolvimento integral e harmônico, respondendo fundamentalmente a certos aspectos extra-econômicos, em particular psico-sociais, que intervêm na promoção de atitudes, aspirações e desejos para o desenvolvimento".[12]

Mesmo que, posteriormente, Ander Egg modificasse os seus pontos de vista, eles têm valor como formulação representativa do pensamento de uma geração de assistentes sociais que encontraram no Desenvolvimento de Comunidade o ponto fulcral para onde convergiram arraigadas aspirações profissionais. Daqueles anos à atualidade, importantes descobertas foram realizadas pelas ciências sociais e a própria prática das classes sociais delineou novos horizontes para compreender o papel e as perspectivas históricas do Desenvolvimento de Comunidade. O compromisso estrutural da profissão com as formulações desenvolvimentistas fez com que ela se alimentasse basicamente daquele pensamento que então se produzia e reproduzia no próprio interior dos círculos desenvolvimentistas.

Entretanto, o Desenvolvimento de Comunidade, ao contrário do que podem supor alguns profissionais, está longe de ter sido superado para abrir a via às novas correntes que se engendraram no Serviço Social. Se é verdade que ele perdeu sustentação na medida em que todo o complexo de formulações e tentativas políticas de corte desenvolvimentista se frustrou, ainda há especialistas que destacam as potencialidades do Desenvolvimento de Comunidade, enfatizando sobretudo a dimensão da participação popular no processo. E o que faz Rubén Utria, que, prolongando o argumento da assistente social brasileira Myriam Veras Baptista, em livro publicado em 1976, assinala:

---

12. Idem, p. 67.

"Em sua mais ampla concepção teórica e prática, os programas e técnicas de Desenvolvimento de Comunidade não são mais que a utilização sistematizada do poder de iniciativa e cooperação dos indivíduos e das comunidades locais e a sua canalização para os esforços de desenvolvimento nacional. Neste sentido, o Desenvolvimento de Comunidade é sinônimo de participação consciente, organizada e dirigida para os altos objetivos do desenvolvimento econômico, o bem-estar social e a autêntica realização individual e coletiva. E é assim porque, em sua acepção mais larga, Desenvolvimento de Comunidade é liberação das potencialidades individuais através da educação; é participação voluntária baseada na tomada de consciência sobre a necessidade de acelerar o desenvolvimento; é cooperação derivada do sentido de solidariedade e de pertinência à comunidade; é organização através de uma participação orgânica, coletiva e responsável; e é dinamismo social porquanto sacode a inércia individual ou coletiva, derivada da marginalidade e do subdesenvolvimento".[13]

Formulações como estas, que há trinta anos despertavam entusiasmo pelo seu conteúdo novo, são hoje mais subjetivas do que concernentes a processos reais, estando comprometida a sua pretensão de funcionar como guia orientador do desempenho dos assistentes sociais.

A educação universitária que, em vários casos, ainda gira ao redor das formulações do Desenvolvimento de Comunidade continua reproduzindo representações do papel do assistente social que os estudantes assimilam e que, uma vez concluída a sua formação, empregam no seu exercício profissional. O discurso que menciona "desenvolvimento nacional", "utilização sistematizada do poder de iniciativa", "participação consciente, organizada e dirigida para os altos objetivos do desenvolvimento econômico", do "bem-estar social" e da "autêntica realização individual e coletiva", este discurso contrasta com o que ocorreu no continente ao longo das últimas décadas — realidade frente à qual este discurso soa como frase vazia, mais próxima dos programas dos partidos políticos que exercem a representação das classes dominantes.

A teorização sobre a possibilidade de induzir mudanças sociais na perspectiva do desenvolvimento sem afetar a desigual estrutura econômica que vige em nossos países poderá continuar se reiterando interminavel-

---

13. Baptista, Myriam V. *Desenvolvimento de Comunidades*. p. 7.

mente como forma de clientelismo ou de ação política, mas, crescentemente, carecerá de capacidade interpretativa e transformadora das nossas condições. O Serviço Social que se coloca nesta perspectiva está, portanto, medularmente vinculado aos vaivéns do exercício político do poder e à implementação de programas de classe contrapostos à alternativa das classes populares latino-americanas.

Enquanto o projeto desenvolvimentista era considerado pelos Estados Unidos como um dos meios principais para a sua expansão, as classes populares do continente reforçavam significativamente a sua organização e a sua consciência, colocando-se a necessidade de ascender ao poder político e forjando elas mesmas as suas representações de classe. O crescimento da classe operária, intensificado pela industrialização substitutiva de importações e acelerado depois da Segunda Guerra Mundial, inseriu no cenário sócio-político do continente renovadas e poderosas forças sociais, cuja presença marcou aspectos importantes do desenvolvimento latino-americano dos últimos anos.

Sob a pressão da classe operária, aliada a outras forças populares. Os Estados latino-americanos suportaram o seu assédio na luta por melhores condições de existência. Também o campesinato foi relevante protagonista neste período, atuando fundamentalmente sobre as arcaicas estruturas econômicas e de poder. Exatamente as recomendações formuladas em Punta del Este (Uruguai), em 1962, quando da constituição da Aliança para o Progresso, no sentido de que os Estados do continente efetuassem reformas agrárias — traduzidas em medidas políticas —, são claro índice da magnitude adquirida pelas reivindicações camponesas e que só receberam como resposta tênues e inexpressivas tentativas das classes dominantes para mudar a estrutura da propriedade fundiária.

A progressiva hegemonia do Desenvolvimento de Comunidade na profissão reforçou uma antiga constante do Serviço Social — o seu marcado alcance e divulgação continentais, neste caso impulsionados tanto pela via da subordinação ideológica a que estavam sujeitas as instâncias de produção e reprodução do Serviço Social, empolgadas pelo desenvolvimentismo, quanto pelos contínuos intercâmbios de experiências de trabalho, de inovações metodológicas e teóricas etc.

Particularmente para a política norte-americana, a vigência desta "tradição profissional" foi muito proveitosa, porque lhe permitiu um uso intensivo deste recurso, que a aproximava do conjunto dos profissionais latino-americanos para a difusão ativa das suas proposições.

Em especial, os métodos de intervenção passaram a ser matéria de divulgação, talvez — em boa medida — pelo seu caráter inespecífico, já que suas diretrizes praticamente ignoravam as peculiaridades do meio onde seriam aplicadas e contendo, ao contrário, componentes passíveis de difusão sem a consideração das particularidades nacionais. Mais ainda: a tradição referida — como indicamos — não era exclusivamente latino-americana, posto que há muito esta espécie de gregarismo profissional se praticava sistematicamente na Europa e nos Estados Unidos, através de organizações que alentaram e favoreceram tais intercâmbios.

4. Doutrina e ideologia do desenvolvimento de comunidade

Os propósitos do desenvolvimento comunitário foram esclarecidos por Rubén Utria nos seguintes termos:

> "Na busca de tratamento para o fator-chave da participação popular na aceleração do desenvolvimento, e diante da necessidade de contar com sistemas e métodos que possam promover, entre a população, atitudes, motivações e imagens favoráveis ao progresso econômico e social, formularam-se vários princípios e doutrinas e ensaiaram-se diversas soluções. Particularmente no marco das Nações Unidas, e com o apoio da maioria dos Estados-membros, aplicaram-se e se aperfeiçoaram, durante quase vinte anos, os princípios e as atividades internacionalmente conhecidas sob o nome de Desenvolvimento de Comunidade... Trata-se de atividades baseadas na associação de uma comunidade local com o governo, em busca da superação das suas condições de subdesenvolvimento".[14]

Apesar do tempo decorrido, muito pouco se poderia exibir como resultado da aplicação destas propostas na economia e na sociedade latino-americanas. Em boa medida, elas foram uma ficção que seduziu a diversos setores médios, que encontravam na execução dos programas de desen-

---

14. Utria, Rubén. *Desarrollo Nacional, Participación Popular y Desarrollo de la Comunidad en América Latina.* p. 81.

volvimento comunitário oportunidades de trabalho novas e até atrativas, em muitos casos coincidentes com motivações pessoais acerca da melhor maneira de enfrentar o subdesenvolvimento.

A citação anterior contém, implícitos, os seguintes pressupostos:

a) que a participação popular é fator-chave para a aceleração do desenvolvimento;
b) que existem sistemas e métodos capazes de motivar na população atitudes favoráveis ao progresso econômico e social;
c) que o Desenvolvimento de Comunidade é um dos ensaios de solução mais fecundos para enfrentar o subdesenvolvimento;
d) que estes fatores são positivamente conjugáveis na escala em que se estabeleça uma associação entre a comunidade e o governo;
e) que "o governo" busca a superação do subdesenvolvimento.

A comunidade como tal — imprecisamente definida — deve, segundo esta concepção, chegar ao convencimento de que os instrumentos para o seu desenvolvimento residem nela e, por conseguinte, que as razões do seu atraso também se explicam a partir dela mesma. Nesta interação de entraves e potencialidades, a comunidade terá que descobrir e libertar aquelas energias que a direcionem ao progresso econômico-social. Deduz-se também que este processo implica o acatamento dos termos desiguais da "associação" com o "governo", frente aos quais a capacidade negociadora da comunidade, para fazer prevalecer os seus pontos de vista, será insignificante se comparada com a magnitude real dos recursos disponíveis pelo Estado.

O efetivo ordenamento das nossas sociedades subdesenvolvidas é escamoteado na ficção de uma igualdade inexistente, tanto na realidade como na elaboração conceptual dos defensores do desenvolvimento comunitário.

De acordo com esta ficção, à comunidade compete aportar a sua energia e o seu compromissamento, enquanto ao governo, exercendo o seu poder em benefício de todas as classes sociais, cabe, nesta associação, colocar ao dispor daquela recursos financeiros, apoio técnico etc. Isto é: a comunidade deve contribuir com esta fórmula associativa, aceitando diversas condições, nem sempre explícitas, e que, por seu turno, implicam o reconhecimento da ordem social construída pelas classes proprietárias em seu próprio interesse. A aceitação deste padrão de relações acarretaria, por parte da comunidade, tanto a anuência com as formulações desenvolvimentistas quanto o estabelecimento de laços de gratidão e lealdade ao governo articulando-se um — entre vários outros — circuito reprodutor da ideologia dominante, apto para "mascarar as relações de exploração" e "as contradições fundamentais".[15] Em suma, embora formalmente se assinalasse o contrário, as organizações populares deveriam sujeitar-se à tutela oficial.

A citação seguinte reforça as nossas assertivas, deixando claros os termos da cooperação proposta:

"A associação da população e do governo como sistema de trabalho na busca de soluções para os problemas do desenvolvimento... supõe que a população aja voluntária e conscientemente nesta associação destinada a impulsionar o desenvolvimento; que cada um dos dois parceiros realize uma contribuição definida; e que um interesse comum sirva de base à unidade de ação inerente a estes esforços. O governo, por seu lado, deverá contribuir com vontade e atitude de serviço à comunidade e recursos técnicos. A colaboração da comunidade vai desde a aceitação dos planos e projetos de desenvolvimento até a participação direta na construção de estradas, escolas, aquedutos, redes de esgoto, obras de irrigação, parques. E na colaboração governamental entram todos aqueles recursos inerentes à responsabilidade do setor público, como os serviços à agricultura, nutrição, educação, saúde, alfabetização, economia doméstica, formação profissional, constituição de cooperativas e serviços sociais, bem como a formação de agentes promotores, a pesquisa e a experimentação.[16]

Segundo os defensores do desenvolvimento comunitário — do ponto de vista do seu conteúdo, características e alcance —, tratava-se essencialmente de um método de trabalho destinado a facilitar a integração de recursos da população e do governo para colimar o "progresso nacional". A definição clássica deste método, recolhida por especialistas da ONU em documento amplamente difundido (e considerado então como a carta magna do Desenvolvimento de Comunidade), patenteia estes traços, precisando que se está diante de procedimentos

"em função dos quais os esforços de uma população se somam aos do seu governo para melhorar as condições econômicas, sociais e cultu-

---

15. Faleiros, Vicente P. *Metodologia e Ideologia do Trabalho Social.* p. 38.
16. Utria, op. cit., p. 86-87, grifos nossos.

rais das comunidades, integrá-las à vida do país e permitir-lhes contribuir plenamente ao progresso nacional".[17]

Das proposições do desenvolvimento comunitário inferia-se, certamente, a necessidade da preparação de profissionais e técnicos aptos para um adequado autodesenvolvimento e identificados com as formulações desenvolvimentistas. Daí que as Nações Unidas — entre outros organismo — deflagrassem uma intensa atividade no terreno da capacitação e que, desde 1945, quando a rubrica Desenvolvimento de Comunidade ingressou no âmbito do Conselho Econômico e Social, este dedicasse importantes recursos para a preparação de técnicos para cobrir a crescente demanda procedente dos diversos níveis de administração do desenvolvimento.

Com efeito, a ONU animou numerosos programas de aperfeiçoamento profissional que, por seu alcance continental, forjaram um contingente homogeneamente qualificado, em alguns casos sob o tratamento genérico de "especialistas em desenvolvimento" e, noutros, como o dos assistentes sociais, mais especificamente denominados de "especialistas em desenvolvimento comunitário" — e isto por seu turno, alentou uma significativa expansão profissional, de conseqüências modernizantes sobre as diversas instâncias do Serviço Social.

Com o respaldo das Nações Unidas e outras instituições, mediante as quais os Estados Unidos irradiavam o desenvolvimentismo este se foi convertendo em discurso oficial de vários Estados latino-americanos e, na medida em que isto ocorria, os quadros profissionais surgidos no bojo deste processo passaram a desempenhar papéis preponderantes nos âmbitos políticos ou burocráticos das administrações públicas dos seus respectivos países.

5. Desenvolvimentismo e expansão profissional

Os assistentes sociais foram integrados aos planos de desenvolvimento comunitário, já que se considerava que neste campo a sua intervenção seria de grande valia — quer porque mostrassem múltiplas aptidões coincidentes

---

17. Ander Fgg, Ezequiel. *Problemática del Desarrollo de la Comunidad a través de los Documentos de NN.UU.* p. 29.

com os programas, quer porque na sua formação profissional prévia estavam contemplados conhecimentos acerca de trabalho com grupos e, em muitos casos, acerca da administração de serviços comunitários. Vale dizer: contavam com uma diversificada experiência de contato com populações e comunidades o que, provavelmente, dava-lhes algumas vantagens em face de outros profissionais. E isto era tanto mais relevante quanto boa parte do êxito do desenvolvimento comunitário estava hipotecado à construção de uma adequada relação com a população atendida.

Com a sua incorporação plena no desenvolvimento comunitário, o Serviço Social passou por um processo de mudanças substantivas que incidiram no conjunto da profissão. Socialmente, experimentou uma etapa de revalorização, que lhe atribuiu novas responsabilidades e lhe conferiu uma posição melhor no interior das administrações públicas que, também elas, viviam um processo de modernização.

Este impacto sobre a profissão, sem dúvida, foi ainda maior quando o desenvolvimentismo saltou do marco de uma proposta para resolver os problemas do atraso e converteu-se em prática e diretriz de ação política de diversos regimes latino-americanos. Então, o conteúdo desenvolvimentista da profissão, que paulatinamente se gestava desde os anos cinqüenta, ganhou um campo de implementação no qual podiam ser desdobradas as mais variadas proposições e recomendações adotadas em numerosos encontros e seminários celebrados naqueles anos.

Com a hegemonia do desenvolvimentismo no Serviço Social, revitalizaram-se também diversas colocações de reforma social, feitas nos primeiros anos da profissão por setores empenhados numa "humanização" do capitalismo em suas mais variadas facetas. Ao largo dos anos precedentes ao desenvolvimentismo, estas propostas empalideceram em face do auge do pragmatismo profissional, que se centrou no tratamento de casos e grupos. A emergência do desenvolvimentismo propiciou, no continente, uma alternativa que advogava, como remédio para o atraso e como via para a conquista do bem-estar social, a democracia, a integração, o progresso etc. Em outras palavras: a profissão começava a encontrar, refletidas no Estado, antigas aspirações suas, pertencentes ao núcleo mesmo das suas coordenadas conceituais —com o que o divórcio entre as precoces elucubrações desenvolvimentistas da profissão e as posturas dos governantes ficava resolvido em boa medida. Daí que a realização de planos de governo de nítida orientação desenvolvimentista acolhesse também, no seu interior, a realização profissional do Serviço Social, na escala em que numerosos governos passaram a compartilhar da linguagem das reformas sociais. Nos foros internacionais do continente (entre os quais o de Punta del Este gozou de crucial relevância) constatava-se, cada vez mais, uma maior concordância acerca da necessidade de implementar reformas. Ao largo de todo este processo, a promessa de ajuda norte-americana — como parte de uma política de penetração mais agressiva — estimulava as administrações a tentar o caminho da cooperação proposta pelos Estados Unidos, juntamente com as conquistas a que o desenvolvimentismo apontava.

Por tudo isto, os assistentes sociais do continente, com a sua prática, avaliaram o programa desenvolvimentista, fornecendo assim um eloqüente testemunho de identidade e comprometimento. Com isto, a possibilidade de melhores êxitos profissionais aumentou significativamente. E foi o que efetivamente ocorreu, sob as formas mais variadas — bolsas de estudo e especialização, acesso a cargos hierárquicos, participação em pesquisas multidisciplinares, ampliação e diversificação do mercado de trabalho —, entre as quais não são desprezíveis os casos de profissionais contratados como funcionários internacionais ou incorporados a comissões nacionais como o CBCISS brasileiro, que exerceram sensível influência na orientação profissional. Finalmente, converter-se em instrumentos da construção do desenvolvimento significava, para os assistentes sociais, conquistar o reconhecimento social que a profissão almejou por tanto tempo. Está claro que — em nosso juízo — a expansão profissional gerada pelo desenvolvimentismo se processou no Serviço Social superdimensionando os seus alcances reais e conferindo-lhe efeitos que só parcialmente alcançou. A revisão dos textos da época sugere, por exemplo, que, segundo a compreensão dos assistentes sociais, abria-se um amplo horizonte de possibilidades de atuação, quer imediatamente, quer a longo prazo, na medida em que as sociedades latino-americanas supostamente empreendiam uma longa caminhada no rumo do desenvolvimento e, portanto, havia a probabilidade de se tornar contínua a demanda de agentes de transformação.

Nestas circunstâncias, os centros de ensino superior viram-se compelidos a responder às exigências do desenvolvimento, adequando os seus programas de estudo, os seus métodos pedagógicos e os seus sistemas de prática para se adaptarem consistentemente ao conjunto de mudanças requeridas pela reorientação profissional.

Este giro das energias para o desenvolvimento comunitário, por parte do Serviço Social, trouxe também à luz um traço da profissão, presente ao largo da sua existência: a ausência de um objeto específico para a ação e de uma base de conhecimentos sustentadora da sua prática — portanto, a sua vulnerabilidade em face de mudanças políticas, bem como o seu grau de dependência às modificações na orientação dos Estados.

De modo muito sintético, a prática dos assistentes sociais ficava orientada segundo estes termos: os trabalhos a se efetuar no interior da comunidade deveriam direcionar-se para satisfazer as suas necessidades fundamentais. No primeiro momento, a mudança de atitude era tão importante quanto as realizações materiais. Os esforços deveriam ser dirigidos para se alcançar o mais alto grau de participação da população, tornando-a funcional ao exercício do poder local. Este propósito supunha o estímulo à formação de líderes, cuja descoberta era uma das etapas cruciais do programa, a que se seguiria a incorporação de jovens e mulheres conforme normas e disposições adotadas para garantir os fins projetados.[18]

Para o assistente social, a adesão ao Desenvolvimento de Comunidade implicava a adoção de uma posição sensivelmente diversa daquela que norteara a sua prática anterior, redefinida em termos de suas táticas e estratégias de ação. No que se refere ao primeiro ponto, era necessário assumir uma grande variedade de elementos que renovavam o seu trabalho concreto; quanto ao segundo, era necessário visualizar a profissão inserida nos esforços coletivos orientados para o bem-estar geral e o desenvolvimento. Já não se tratava mais de um trabalho de corte assistencialista, carente de uma perspectiva de maior fôlego. Agora se abriam possibilidades — pelo conteúdo do discurso desenvolvimentista — de inscrever os esforços particulares e coletivos do Serviço Social num projeto orientado à superação dos problemas de fundamento estrutural.

Para a colimação destes objetivos, fixaram-se diversas normas de funcionamento, entre as quais se destacaram as seguintes pautas de ação: o assistente social tinha a missão de operar como agente catalizador nas comunidades. Longe de concretizar a sua atividade sobre objetos de intervenção particularizados, definiu-se que ele seria um generalizador,

---

18. Idem, p. 16-17.

"com conhecimentos que o capacitem a desenvolver trabalhos em áreas diversas, como a agricultura, a saúde pública, a salubridade do meio ambiente, as técnicas de alfabetização etc. O processo de catalização social é importante no sistema social quando um agente de transformação tenta promovê-la através de um projeto de desenvolvimento da comunidade. A catalização social se refere à intervenção de um agente de transformação dentro de um sistema parcial com o propósito de provocar ação social. A participação do agente de transformação limita-se a promovê-la, sem intervir diretamente na ação. Por exemplo: o agente de transformação pode ajudar a comunidade a reconhecer ou identificar as necessidades sentidas e sugerir as soluções, mas a execução dos planos deve ser da responsabilidade dos membros da comunidade".[19]

Esta formulação, que constituiu um sólido ordenador da relação do profissional com a comunidade, serviu para que os denominados agentes de transformação se vinculassem aos setores da população ao lado dos quais desempenhavam a sua atividade. Mas esta diretriz idealista de ação, que recomendava o absenteísmo total frente aos problemas que deveriam ser resolvidos, foi sumamente estreita para que pudesse ter vigência operacional. Os assistentes sociais tentaram adequar a dinâmica social à imagem e à semelhança da sua formulação idealista e às alternativas supostamente destinadas à resolução dos problemas, mas passaram por alto o fato de que mal podia vincular-se a uma comunidade um agente de transformação que não desenvolvia com ela relações que naturalmente, e de modo significativo, influiriam no desempenho de suas tarefas cotidianas. Quando nos referimos à vinculação entre os agentes de transformação e as comunidades, não remetemos necessariamente à existência de perspectivas comuns entre ambos para a implementação do trabalho, mas a pontos de vista divergentes e contrapostos que influíam em sua prática, freqüentemente resultantes da visão tecnicista que o desenvolvimentismo alentava nos seus agentes e que os conduzia a confrontos com aquelas forças que não compreendiam as vantagens desta espécie de prática e evangelho modernos.

Daí que mal pudesse continuar no interior de uma comunidade aquele que estruturasse uma relação antagônica com ela. A aceitação dos pontos de vista, sugestões e indicações que permitissem à comunidade "identificar as suas necessidades mais sentidas para dinamizar-se e procurar a sua reso-

---

19. Rodríguez, César. *Análisis Conceptual del Desarrollo de la Comunidad*, p. 25.

lução" — pontos de vista, sugestões e indicações formulados pelos agentes do desenvolvimento — supunha uma relação fluida entre estes e a população (o que muitas vezes se conseguiu dado o grau de atraso político dos setores para os quais se orientavam os programas). A experiência demonstrou que nem sempre isto era possível. De qualquer forma, a função principal do agente de transformação era procurar, por todos os meios ao seu alcance, o estabelecimento de uma relação apropriada com a comunidade, usando a sua habilidade na manipulação das relações humanas, valendo-se do tato, da imaginação, da cooperação e da sensibilidade social, de modo a instaurar relações amistosas com os habitantes.

As relações agente de transformação/comunidade foram especialmente valorizadas por inúmeros autores como um aspecto merecedor de especial atenção porque, sem a sua compreensão,

> "manifesta através de um comportamento adequado, os agentes profissionais de transformação sentem-se desiludidos e frustrados, perdendo a confiança das pessoas a que desejam ajudar. Estas, embora não o expressem, sabem que a maior parte das mudanças técnicas têm amplas repercussões sociais e pessoais. O agente profissional de transformação precisa ser capaz de sentir com as pessoas com quem trabalha as tensões do desequilíbrio cultural que deflagra. E deve mostrar e representar o tipo de equilíbrio essencial dentro da tensão necessária para a saúde mental e social numa cultura que está em desenvolvimento".[20]

Esta ênfase estava em aberta contradição com o chamado processo de catalização social, que implicava um grau de distanciamento em face do desenvolvimento dos programas.

Nas múltiplas recomendações formuladas aos assistentes sociais para o seu desempenho tinha guarida, também, a sugestão da seguinte seqüência. O primeiro passo no desenvolvimento comunitário consistiria em fomentar a discussão sistemática das necessidades sentidas pelos membros da comunidade. Cumprido este passo, proceder-se-ia ao planejamento sistemático e, a partir dele, à realização de trabalhos iniciais de auto-ajuda, definidos em função da discussão anterior. O passo ulterior corresponderia à mobilização

---

20. Meahler, Arthur, *apud* Rodríguez, César, op. cit., p. 26.

das potencialidades físicas, econômicas e sociais dos membros da comunidade, até se chegar ao quarto passo, consistente na criação de aspirações e na tomada de decisão, possibilitada pelo processo precedente, sobre novos projetos de Desenvolvimento da Comunidade.[21]

O autor das formulações que resumimos recomenda o início de um programa de desenvolvimento comunitário à base de três pontos. Em primeiro lugar, e partindo do fato de que a deflagração da ação comunitária procede de influxos externos, a condição prévia consiste na disposição de um sistema social exógeno para produzir uma técnica específica e um programa referido ao sistema interno. Em segundo lugar, uma dinamização múltipla, também baseada em influências externas, já que a introdução de uma nova técnica afetará as outras partes do sistema em causa. Em terceiro lugar, a dinamização dos recursos internos do sistema em tela, com a ênfase posta no estímulo às comunidades para que elas identifiquem suas próprias necessidades, coloquem em jogo suas energias e potencialidades e trabalhem cooperativamente para satisfazê-las.[22] Formularam-se inúmeras variações sobre esta questão, a maior parte das quais a partir da tácita hipótese (em nossa ótica) de que a solução do delicado problema das relações entre os agentes de transformação e a comunidade estaria dada com o aperfeiçoamento das técnicas que facilitassem a aproximação dos primeiros à segunda.

A bibliografia sobre Desenvolvimento de Comunidade rapidamente tornou-se profusa. Acadêmicos, assistentes sociais, funcionários internacionais, docentes etc., aportaram numerosas sugestões ao tema, quase todas derivadas do mesmo padrão interpretativo e centradas na construção de modelos para converter a alternativa do desenvolvimento comunitário em uma realidade palpável. Esboçada a concepção e estabelecida a sua estratégia, definido o esquema de poder que viabilizaria a implementação do projeto, o problema da execução e os métodos de trabalho mais apropriados passaram a ocupar a atenção prioritária dos estrategistas e agentes do desenvolvimento. Mas sempre se deixou, obviamente, uma margem de possibilidade para incorporar corretivos, formular novas modalidades de ação, modificar alguns componentes e conservar outros, bem como de renovar aquelas alternativas de ação dependentes das particularidades das áreas onde os projetos se implementavam.

---

21. Ross, Murray. *Community Organisation, Theory and Practice.* p. 7-8.
22. Idem, p. 9-10.

No caso do Serviço Social, que compartilhava com outras profissões da fascinante ilusão do desenvolvimento, a perspectiva posta pelo Desenvolvimento de Comunidade tornou-se claramente hegemônica, e as suas forças principais reagruparam-se em função da alternativa que supunha a aplicação destes programas.

6. A difusão e o intercâmbio internacionais no Serviço Social

Recordemos que a I Conferência Internacional de Serviço Social celebrou-se em Paris, em 1928, e contou com a assistência de 2.481 delegados de 42 países. Em 1932, Frankfurt foi a sede da II Conferência, onde 34 países representaram-se por 1.200 delegados. A III Conferência reuniu-se em Londres, em 1936. A seguinte, convocada para Amsterdã, em 1940, foi cancelada em função da Guerra. Interrompidas pelo conflito mundial, as Conferências Internacionais foram restabelecidas entre 1946-1947. Mas, para comemorar o 75º aniversário da Conferência Nacional de Serviço Social dos Estados Unidos, a Conferência Internacional reuniu-se em Nova Iorque, em 1948, propiciando o encontro de profissionais procedentes de diversas partes do mundo, que fizeram das atividades internacionais do Serviço Social o tema principal dos debates.

Desde o pós-guerra, a Conferência Internacional de Serviço Social (CISS) converteu-se em órgão consultivo das Nações Unidas, da Unesco e da OMS. Em conseqüência, como a própria CISS o reconhece, ela renovou a sua busca de novas idéias e passou também a proporcionar aos diferentes países a chance da compreensão das novas experiências, favorecendo a internacionalização do Serviço Social. Nesta situação, os eventos da Conferência prosseguiram. Até 1972, quando ela se reuniu em Haia, dezesseis deles já tinham ocorrido.

Merecem destaque, ainda, outras atividades ou formas de organização internacional do Serviço Social, como os Congressos Internacionais de Escolas de Serviço Social (CIESS), que celebram suas reuniões juntamente com as Conferências Internacionais, discutindo os programas de ensino, a formação dos futuros profissionais, os métodos do Serviço Social etc. Ou, também, a Conferência Internacional de Centros Sociais e a Federação Internacional de Assistentes Sociais, fundada em 1950, com a finalidade de estudar coletivamente as normas e as necessidades profissionais e representar o corpo profissional em organismos internacionais. E não se pode esquecer a União Católica Internacional de Serviço Social (UCISS), criada em 1925, em Milão.

Na América Latina, há que destacar os Congressos Pan-Americanos, o primeiro dos quais se celebrou em Santiago do Chile, em 1945. A partir do VI Congresso, efetuado em Caracas, em julho de 1968, quando se aprovaram seus novos Estatutos, sua denominação mudou para Congresso Inter-Americano de Serviço Social. Igual mudança de nome sofreu a Conferência Pan-Americana de Serviço Social, chamada, a partir de junho de 1968, Conferência Internacional de Bem-Estar Social. No continente também se destaca a entidade originalmente denominada Associação Latino-Americana de Escolas de Serviço Social que, na Assembléia que realizou na República Dominicana, em julho de 1977, passou a chamar-se Associação Latino-Americana de Escolas de Trabalho Social (ALAETS).[23]

Como se pode inferir pelo exposto, a história do Serviço Social está fortemente marcada pela combinação da dimensão local ou nacional com dinâmicos intercâmbios internacionais. Este espírito e esta tendência, próprios do Serviço Social, viram-se significativamente revigorados quando o Desenvolvimento de Comunidade começou a impor-se na profissão, resgatando ainda mais pronunciadamente a internacionalização quando o desenvolvimentismo passou a ser uma estratégia de ação política a nível de América Latina.

No campo da educação universitária e da capacitação de docentes, também se implementaram vários programas, o mesmo ocorrendo em relação à qualificação profissional, através de especialistas, para enfrentar o desafio do desenvolvimento. Uma importante dimensão do Serviço Social — como já vimos — ficou vinculada a diversos organismos da ONU e da OEA, com a sua atuação colaborando diretamente com eles.

---

23. A ALAETS tem como organismo acadêmico de caráter executivo o CELATS — *Centro Latinoamericano de Trabajo Social*, que, desde a sua fundação, em 1975, está sediado em Lima. Peru.

7. A projeção do neo-pan-americanismo e a reorientação do Serviço Social

Os Seminários Regionais promovidos pela OEA, bem como os diversos Congressos Pan-Americanos, exerceram singular influxo na história profissional. Foram instâncias a partir das quais se impulsionou o reordenamento do Serviço Social na direção do desenvolvimento comunitário. Examinemos, ainda que brevemente, uns e outros.

7.1. Os seminários regionais da OEA

No âmbito do Serviço Social, toda a experiência internacional prévia ao auge experimentado na América Latina pela política do desenvolvimento comunitário, a partir dos anos cinqüenta, desagüou diretamente no corpo profissional através dos Seminários Regionais de Assuntos Sociais organizados pela OEA entre 1950 e 1951.

Isto não significa que, antes destes eventos, a profissão desconhecesse formas similares de interação. Apenas para citar alguns casos, vale a pena recordar que países como o Chile, o Brasil, a Colômbia e o Peru já tinham experiência deste tipo de conclave. Mas é de notar que, ainda no II Congresso Pan-Americano de Serviço Social, celebrado no Rio de Janeiro, em 1949, o tema central foi "O Serviço Social e a Família" e, embora nele se propusesse a criação e a difusão de "centros de ação social" para atuar sobre a comunidade (especialmente no campo educacional), a preocupação com o desenvolvimento comunitário não ocupou o centro do debate. Todavia, é possível dizer que este encontro fixou a condição básica que logo possibilitaria à OEA — vale dizer, à UPA — assumir a liderança na orientação da profissão, já que uma das suas recomendações, relacionada às Associações Profissionais, estabelecia que, no futuro, elas deveriam "acatar as disposições da União Pan-Americana e as suas informações sobre as experiências do Serviço Social no continente".[24]

---

24. Cf. *Recomendaciones del II Congresso Panamericano de Servicio Social*, Rio de Janeiro, julho de 1949, Arquivos da Escola de Serviço Social da PUC-SP, Brasil.

A liderança da UPA no campo profissional do Serviço Social continental começou a exercer-se sobre bases mais seguras e uniformes a partir dos Seminários Regionais de Assuntos Sociais. O primeiro celebrou-se em Quito, em maio de 1950, com a participação da Bolívia, Equador, Colômbia, Panamá, Peru e Venezuela, contando com a presença de 43 delegados. O segundo teve por local São Salvador, em novembro de 1950; assistiram-no 164 delegados (91 oficiais e 73 observadores), representando a Costa Rica, Cuba, El Salvador, Guatemala, Haiti, Honduras, México, Nicarágua, República Dominicana e Estados Unidos. O terceiro e último realizou-se em maio de 1951, em Porto Alegre, assistido por 83 delegados (63 oficiais e 20 observadores) da Argentina, Brasil, Chile, Paraguai e Uruguai. Nos três eventos, os temas tratados foram:

"1. Cooperativas: para estudar os métodos que permitam uma maior participação de todos os membros das cooperativas na organização, desenvolvimento e administração das mesmas e analisar as possibilidades que elas oferecem, como meio educativo, para a melhoria da vida social e econômica da comunidade:

2. Educação operária: para estudar os métodos que capacitem os trabalhadores a participar integralmente na organização e na administração de movimentos 'operários construtivos', com a finalidade de atender aos seus próprios interesses e, também, colaborar com grupos e instituições das comunidades de que dependam;

3. Serviço Social: para estudar as experiências realizadas e as formas para estimular e coordenar os programas e esforços dos diferentes grupos e das variadas instituições sociais, para melhorar a sua organização e administração, a fim de que funcionem democraticamente e como partes integrantes da comunidade;

4. Habitação e Planejamento: para estudar o modo de vincular os problemas habitacionais e o desenvolvimento urbano e outros problemas sociais, analisar os métodos de financiamento de projetos de habitação popular e de seleção dos seus usuários e investigar a relação deste tema com a vida da comunidade, com os centros comerciais, as escolas, as igrejas, os parques etc. e com a sua população".[25]

Todos estes temas foram uniformemente abordados nos três seminários e as conclusões derivaram em recomendações plenamente coincidentes. Por

---

25. Os grifos são nossos.

isto, é supérflua a referência a cada um em particular. Quanto ao peso do tema "Organização da Comunidade" nestes eventos, basta citar o que sobre ele se afirma num dos informes da UPA:

"A Organização da Comunidade, ou seja, a mobilização de todos os recursos de uma área para enfrentar as suas necessidades comuns, foi a idéia central dos seminários, que lhe conferiram ênfase particular nos seus programas".[26]

Nestes programas, aliás, colocou-se a necessidade de enfocar a problemática da comunidade sob uma perspectiva multidisciplinar, razão pela qual, junto a assistentes sociais, participaram dos encontros organizados para a discussão da agenda advogados, engenheiros, arquitetos e sociólogos, indistintamente. Reforçando esta abordagem multidisciplinar, os seminários reservaram uma instância específica para debater o papel e a contribuição peculiar do Serviço Social na empreitada — tratava-se da Subcomissão de Organização da Comunidade, na qual se privilegiou os assistentes sociais com fundamento em duas considerações validadas por todos. Primeira: na sua prática profissional, os assistentes sociais incidem sobre "a integração do indivíduo na vida social e sobre o melhor desenvolvimento da sua personalidade, bem como sobre a adaptação dos recursos sociais às necessidades do indivíduo e dos grupos"; por isto, os assistentes sociais precisam articular-se com outros promotores do bem-estar social para que alcancem seus objetivos. Segunda: "na sua formação, o assistente social obtém uma visão panorâmica da vida social", que lhe, confere "uma atitude de reforma em face dos problemas sociais", em relação aos quais, além disto, utiliza métodos de trabalho "eficazes no processo de organização da comunidade" que, no campo do Serviço Social, consistiria "na mobilização integral dos recursos complementares", que "devem ser propiciados pelas instituições e organismos básicos da sociedade".[27]

Tendo em conta estas considerações, nos seminários se concluiu que o Serviço Social deveria cumprir no futuro uma importante função no desenvolvimento de programas vinculados a cada um dos três temas anteriormente referidos — cooperativismo, educação operária e habitação e planejamento —, inserindo-os na ótica da organização e do desenvolvimento da comunidade. Assim, estes seminários não só abriram uma nova orientação

---

26. A citação é extraída de um informe da União Pan-Americana.
27. Idem.

geral à profissão (a organização e o desenvolvimento da comunidade), mas, ao mesmo tempo, lhe assinalaram uma escala de prioridades para a sua intervenção, estreitamente vinculada às políticas sociais que os Estados latino-americanos se propunham implementar à época.

Quanto aos programas de habitação e urbanismo, por exemplo, destacou-se que o Serviço Social poderia contribuir de três formas: estudando as condições econômicas e sociais "que devem orientar o critério de seleção e prioridade dos candidatos às casas populares"; educando os usuários para "a utilização adequada" da habitação e para o procedimento a seguir para a aquisição da "casa própria"; e contribuindo para "interpretar" as necessidades das famílias, grupos e de toda a comunidade diante dos planejadores e executores dos programas habitacionais.

No que tange às cooperativas, o documento que estamos resenhando afirma que o "assistente social poderá dar às idéias cooperativistas grande poder de penetração e expansão na comunidade, através da sua atuação nos vários setores" em que intervém, tais como famílias, escolas, clubes juvenis etc., bem como em empresas, sindicatos e nos programas de educação popular em geral. Vale dizer: propunha-se que o estímulo ao cooperativismo passasse a ser um componente substancial da ação profissional em todos os seus campos de atuação.

Finalmente, em relação à educação operária, os seminários salientaram as singulares possibilidades que este campo oferecia ao assistente social, especialmente nas empresas, sindicatos e centros sociais — e não só pelo respaldo institucional que se poderia obter, mas também pelas características da sua própria operação. Diz-se que, confrontado com outros profissionais, o assistente social conta com "conhecimentos básicos sobre os problemas dos trabalhadores" e, na sua experiência direta, "adquiriu o sentido da justiça social", o que "o capacita para a aplicação de métodos e procedimentos que são fundamentais na educação popular", "procedimentos desenvolvidos à base de relações humanas que facilitam a tarefa de estabelecer contatos construtivos com indivíduos, grupos e a comunidade em geral".

7.2. Os Congressos Pan-Americanos de Serviço Social

Os Congressos Pan-Americanos, promovidos como parte de uma política orientada para estabelecer o predomínio dos Estados Unidos, foram os principais instrumentos de ação para a consolidação do desenvolvimento comunitário. Entre as conclusões do I Congresso, para referir um só caso, figuram as seguintes recomendações: que os delegados, retornando aos seus países, chamem a atenção dos seus representantes no Conselho Econômico e Social da ONU para a necessidade de criar organizações voltadas ao bem-estar social; que as escoltas de Serviço Social ofereçam o seu mais amplo apoio ao Conselho Econômico e Social da ONU; que os delegados, nos seus países, trabalhem por um maior apoio à União Pan-Americana (abrindo, assim, o espaço para os programas que viriam poucos anos depois). Neste primeiro evento recomendava-se, ainda, que "se estimule o interesse pelos métodos de Caso Social Individual... e a implantação do Serviço Social de Grupo".[28]

Já no II Congresso — que, como vimos, realizou-se no Rio de Janeiro, em 1949, ocupando-se do tema "O Serviço Social e a Família"—, começou-se a falar de "impulsionar a reforma social", com o discurso recorrendo à linguagem do "bem comum e do bem-estar social". O IV Congresso (San José, 1961) registrou o ascenso da terminologia extraída do planejamento e a recomendação para que o Serviço Social se somasse aos programas nacionais de desenvolvimento.

Vejamos agora, com algum cuidado, o que ocorreu no VI Congresso, realizado em Caracas, entre 16 e 22 de junho de 1968.[29] Seus documentos revelam — com as óbvias limitações que supõe a análise de uma documentação que se quer representativa de amplos segmentos profissionais — o grau de comprometimento do Serviço Social com os programas de desenvolvimento, a compreensão que os profissionais tinham da eficiência da sua participação nas tarefas do desenvolvimento e as suas interpretações sobre a evolução do Serviço Social.

O conclave, do qual participaram 800 pessoas, foi convocado para discutir o tema "Planejamento para o Bem-Estar Social, O Planejamento no Serviço Social", subdividido em subtemas específicos, entre os quais um, "Formação do Assistente Social em Função do Planejamento para o Desenvolvimento", foi considerado pela presidente do Congresso, a assistente social venezuelana Carmen Teresa Rodriguez, como dos mais pertinentes. Na abertura do encontro, esta profissional dissera:

---

28. *Conclusiones del Primer Congreso Panamericano*, in Ander Egg., E. e Kruse, H. *El Servicio Social: del Paternalismo a la Conciencia de Cambio. Congresos Panamericanos de Servicio Social*, p. 49.
29. Vicente Faleiros (op. cit., p. 36), revisando as conclusões do V Congresso, realizado em Lima, Peru, em 1965, formula argutas observações sobre o substrato ideológico das elaborações marcadas já pelo desenvolvimento.

"Os assistentes sociais estamos conscientes das novas exigências colocadas à nossa profissão pelo Desenvolvimento Integral dos povos do continente. No âmbito latino-americano, já se pode falar de uma nova imagem do assistente social. Começa a desaparecer a imagem precedente, de um subprofissional útil no trabalho de campo e, no melhor dos casos, apto a assumir posições intermediárias na administração de programas ou a ajudar a população a realizar algumas questões em prol de certos benefícios materiais. Trata-se de uma imagem tradicional, próxima às concepções da filantropia, que ignora os imensos avanços humanísticos e tecnológicos do moderno Serviço Social".[30]

A Sra. Carmen Teresa Rodriguez, desde a abertura do conclave, quis ressaltar quatro aspectos, convicta da sua vigência e da sua correspondência à realidade profissional do momento. Primeiro: a existência, entre os assistentes sociais, da consciência das exigências do Desenvolvimento Integral. Segundo: a emergência de uma nova imagem do assistente social. Terceiro: o desaparecimento da imagem do assistente social como um subprofissional. Quarto: a ignorância das formas de atuação profissional vinculadas à filantropia em relação aos avanços humanísticos e tecnológicos do moderno Serviço Social — insistindo em que esta modernização associava-se à compreensão de que a profissão tinha que atuar em função do desenvolvimento.[31]

Observemos, em primeiro lugar, que subsiste com força uma concepção linear do desenvolvimento da profissão, fundada na idéia de que esta, iniciada num ponto dado, percorrera um longo e ascendente itinerário, até alcançar a modernidade, que combinava humanismo e tecnologia. O patamar culminante desta linearidade situava o assistente social compartilhando do

---

30. Memoria del VI Congreso Panamericano de Servicio Social. p. 133.
31. A época, a assistente social Virginia Paraiso escrevia: "Em toda a América Latina cresce constantemente a demanda de programas de Serviço Social e de recursos públicos e privados para a sustentação tanto dos serviços novos como dos já estabelecidos. Esta tendência indica a aceitação geral da tese de que o Serviço Social desempenha um papel fundamental no funcionamento da sociedade moderna. (...) Não obstante, parece que o Serviço Social não ocupa um lugar definido nas políticas de desenvolvimento dos países latino-americanos" ("El Servicio Social en América Latina: Sus Funciones y Sus Relaciones con el Desarrollo", Boletín econômico de América Latina, ONU, vol. XIII, nº 2, novembro de 1968, p. 78). Nestas rápidas linhas se pode verificar o superdimensionamento da função social da profissão, contrastante com a realidade vigente.

esquema interpretativo do desenvolvimentismo e implementando uma prática derivada da sua aplicação política. Em conseqüência do alcance desta etapa superior da sua evolução, o Serviço Social — segundo a Sra. Rodriguez — fora capaz de criar uma nova imagem profissional e apagar a anterior, com o que se explicitava, novamente, o zelo da profissão pelo seu significado e prestígio sociais.

O instrumento eficaz para atingir a meta do desenvolvimento era o planejamento. Sustentou-se no conclave:

"O processo de planejamento deve começar por uma definição que indique para onde se quer ir, e isto supõe a explicitação de certas alternativas de política... O planejamento econômico-social é uma necessidade ineludível e, para obter seus fins e objetivos, é preciso um documento que, sob a forma de plano, se caracterize por conter explicitamente as definições de política adequadas às suas finalidades. (...) É de assinalar que, em si mesmo, um plano nada significa, exceto se tem formalizada uma decisão consciente, uniforme e coordenada entre a ação do governo e do setor privado independente. O planejamento oferece muitas vantagens, mas também exige o respeito de certas normas. É uma nova disciplina e um antídoto contra a improvisação, a ação desordenada e individualista dos funcionários"[32]

No entanto, este instrumento, por si só — segundo o documento —, carece de força e efetividade se está desprovido de respaldo político, condição e pré-requisito para que suas indicações e recomendações possam converter-se em ações concretas. Esta digressão, que poderia parecer ociosa, não foi visualizada na sua dupla dimensão por diversos contingentes de assistentes sociais, que supuseram fosse factível operar unicamente sobre a base dos elementos de interpretação e recomendações contidos nos planos. A ausência da compreensão da natureza do Estado e dos interesses de classes que dominam sua dinâmica alimentou a ilusão de que a conquista do desenvolvimento encontrava no planejamento o instrumento que lhe faltara, e que, uma vez obtido, todos os interessados poderiam unir indiscriminadamente os seus esforços, colimando a meta do desenvolvimento. O assisten-

---

32. Limitaciones a la Planificación, documento apresentado pelo Comitê Peruano de Bem-Estar Social como base para o trabalho de grupos de estudo do VI Congresso; cf. Memoria..., op. cit., p. 250.

165

te social se atribuía uma magnitude desproporcional à sua significação real no desenvolvimento das definições das políticas de planejamento. Com perfis particulares, este mesmo fenômeno se reproduziu em anos mais recentes, quando das discussões sobre política social.

A multiplicidade de recomendações práticas sobre a execução de um plano foi tamankha que se perdeu de vista a sua possibilidade de realização, na medida em que se procurava o rigor metodológico. Os planejadores reservavam para si um espaço de ação, diferenciando as suas responsabilidades das dos políticos, encarregados da execução. Certamente foi pouco o que pôde fazer o planejamento para resolver problemas derivados de uma estrutura social fundada na irracionalidade; contudo, conseguiu muito para si ao propor-se como disciplina capaz de definir o rumo que os países deveriam seguir para alcançar o bem-estar e superar os males endêmicos do subdesenvolvimento.

No VI Congresso, por outro lado, houve consenso acerca do papel que competia ao assistente social. Assinalou-se:

> "O assistente social deve ser um agente de transformação. O que implica tanto uma mudança no indivíduo como nas estruturas e instituições sociais. O assistente social interpreta a problemática social como testemunha direta das experiências vividas pelas pessoas com as quais se ocupa. Diante das situações como crianças dormindo nas ruas, cobertas com jornais, ou amontoado em barracos, vítimas potenciais de acidentes com riscos de morte ou da inanição, enquanto seus pais correm a cidade em busca de pão ou emprego — diante de situações assim, o assistente social não pode permanecer indiferente, como um mero observador. Deve interpretar esta situação tornando-se um porta-voz das necessidades dos indivíduos e do seu direito a promover uma mudança".[33]

Esta citação contém outra peculiaridade: o apelo para que o assistente social seja um agente de transformação está fortemente impregnado de um tom moral, quase religioso, que remete inevitavelmente ao humanitarismo

---

33. Comité Nacional de Bienestar de Colômbia, Cambio Social y Desarrollo Social, documento apresentado ao VI Congresso; cf. Memoria.... cit., p. 323.

dos primeiros tempos da profissão. Trata-se de uma convocação à consciência e aos sentimentos ou, em outras palavras, de um convite ao apostolado, mesmo que se inscreva num quadro social e político substantivamente diverso do passado.[34]

A preparação universitária ou superior de outro tipo também foi definida em função da necessidade de produzir agentes para as transformações. A Sra. Luz Rodriguez, num documento apresentado ao conclave afirmava:

---

34. Neste sentido, ressaltamos a importância de continuar investigando o influxo católico sobre o Serviço Social nas suas manifestações contemporâneas. Somos contrários à idéia de que esta influência só se deu nos primeiros anos da profissão. Por exemplo: revelaria resultados interessantes um confronto da prática e do discurso mais recentes do Serviço Social com a prática e a doutrina da Igreja. Recordemos brevemente que, desde os anos sessenta, emitiram-se várias encíclicas papais. A primeira foi a *Mater et Magistra*, de 15 de maio de 1961, sob o pontificado de João XXIII. O documento propugna por um desenvolvimento adequado dos serviços públicos e por um desenvolvimento gradual e harmônico de todo o sistema econômico, bem como das áreas desigualmente desenvolvidas no interior dos países e das relações entre países desigualmente desenvolvidos. Neste documento, a Igreja se mostra com um discurso compatível com a linguagem da época, lutando, na sua perspectiva, pela "humanização do capitalismo". Referindo-se à necessidade da ação social católica, a encíclica insiste nas responsabilidades dos seculares neste campo. O próprio João XXIII, dois anos depois, a 11 de abril de 1963, assina a *Pacem in Terris*, sobre "a paz entre todos os homens, que há de fundar-se na verdade, a justiça humana, as relações entre os poderes públicos e o cidadão, as relações entre os Estados e o estabelecimento da comunidade mundial". A encíclica se conclui com recomendações pastorais e, no seu epílogo, sentencia: "Há que lograr soluções pela via da evolução pacífica. A vida não procede por saltos, mas passo a passo"; e finaliza: "Há que restabelecer todos os graus da convivência na verdade, `justiça, amor e liberdade". Depois de sua primeira encíclica, *Eclesiam Suam*, o papa Paulo VI divulga a *Populorum Progressio* sobre "a necessidade de promover o desenvolvimento dos povos", de março de 1967. O documento insere-se claramente no interior dos problemas contemporâneos da humanidade, convocando à ação para solucionar as desigualdades e advertindo que o caminho da paz transita pelo desenvolvimento. Paulo VI pretendia fazer desta encíclica "um programa... de equilíbrio econômico, de dignidade moral, de colaboração universal entre todas as nações". O mesmo papa, nas encíclicas *Gaudium et Spes* (sobre a igreja no mundo de hoje, de 1965) e *Octogesima Adveniens* (de 1971, no octogésimo aniversário da *Rerum Novarum*), volta a ocupar-se dos problemas do desenvolvimento econômico e a reiterar o seu apelo em prol de mais justiça. Seria muito importante, pois, estabelecer as relações entre estes permanentes esforços da renovação doutrinária no seio da Igreja e a evolução do Serviço Social.

167

"A formação do trabalhador ou assistente com este enfoque moderno supõe mudanças estruturais nos programas de ensino. Elas podem consistir na introdução de conteúdo teórico e prático sobre política social e planejamento. A preparação do assistente social deve dar-se em dois níveis: um, de formação básica, com a finalidade de capacitá-lo para compreender e agir e outro, de formação mais profunda... que prepare especialistas em planejamento, âmbito em que existe pouca conceptualização e poucas experiências".[35]

Deixando de lado os efeitos práticos deste enfoque, ressaltemos o seu significado como proposta para converter os centros de formação em núcleos reprodutores de contingentes plenamente identificados com as orientações do desenvolvimento comunitário. O estudante de Serviço Social deveria ser preparado para se tornar um agente de transformação nesta condição, intervindo na dinâmica social, teria a responsabilidade de conduzir as populações a assumirem consciência dos problemas sociais, estabelecendo mecanismos para a sua integração ao desenvolvimento do país.[36]

A perspectiva desenvolvimentista, com uma linguagem e posições sugestivas, influiu notavelmente sobre o Serviço Social, em boa parte porque coincidia funcionalmente com o chamado método de Desenvolvimento de Comunidade — e este, por seu turno, implicava uma considerável renovação profissional. Como observamos, o enfoque e a prática desenvolvimentistas satisfaziam antigas aspirações da profissão e, assim, criavam condições propícias para uma paulatina e crescente incorporação dela aos parâmetros do esquema desenvolvimentista.[37]

O fundamental do VI Congresso Pan-Americano girou em torno da temática que apresentamos. As discussões sobre desenvolvimento planejamento, transformação, agentes de transformação, Serviço Social, função do assistente social e formação dos profissionais ocuparam as principais atenções dos participantes. Do evento, juntamente com assistentes sociais, participaram profissionais e funcionários internacionais que, situados na mesma perspectiva, alimentaram o debate, robustecendo as orientações que destacamos.

---

35. Rodriguez, Luz. "Formación del Trabajador Social en Función de la Planificación para el Desarrollo", in: *Memoria...* op. cit.
36. Idem, p. 189.
37. Rubén Utria, que, em 1976, era Conselheiro Regional da CEPAL, sustentou, no texto que citamos atrás que a base profissional e técnica para os programas de desenvolvimento da comunidade, na maior parte dos países latino-americanos, fora constituída majoritariamente por assistentes sociais com outros profissionais comparecendo em menor escala.

8. O assistente social: um agente de transformação? O questionamento da proposta desenvolvimentista

Paralelamente à vitalidade destas posições no interior do Serviço Social, existiam vozes divergentes em face do entusiasmo galvanizado pelo desenvolvimentismo, convidando à reflexão tanto sobre a sua viabilidade histórica quanto sobre o seu impacto específico no Serviço Social. Observemos algo quanto a isto.

Em primeiro lugar, os regimes populistas-desenvolvimentistas que impulsionaram reformas dirigidas à industrialização dependente fracassaram. Suas políticas serviram basicamente como instrumentos do expansionismo norte-americano que, após a Segunda Guerra Mundial, consolidou a sua situação de pólo hegemônico do capitalismo.

Por outro lado — e contrariamente às previsões dos políticos e ideólogos do desenvolvimentismo —, intensificaram-se os movimentos populares. No campo, a insatisfação levantou o seu protesto contra as tênues medidas de reordenamento rural que mantinham intacta a estrutura da propriedade agrária. As cidades, por seu turno, também presenciaram expressões de descontentamento de amplos setores urbanos.

Sem dúvida, este quadro político e econômico golpeou a consciência e o comprometimento dos assistentes sociais em relação aos projetos desenvolvimentistas. Todos os seus cálculos acerca das transformações que adviriam em conseqüência da implementação das políticas desenvolvimentistas estiveram longe de cumprir-se.

Entretanto, a insatisfação mais aguda em face da realidade profissional se dava menos na frente institucional e mais nos meios acadêmicos.[38]

Estudantes e docentes de Serviço Social assumiam com empenho e vigor a tarefa de revisar completamente a profissão. Em 1967, por exemplo, Natalio Kisnerman, encerrando o III Seminário Regional Latino-Americano de Serviço Social, em General Roca (Argentina), advertia sobre a

---

38. Cf. Quiroz, Teresa. *Análisis Crítico de los Métodos Tradicionales del Servicio Social y el Movimiento de Reconceptualización en América Latina*. Avances de Investigación nº 7, Instituto de Investigaciones Sociales, Facultad de Ciencias Sociales, Universidad de Costa Rica, 1976.

"imperiosa necessidade de vitalizar a nossa profissão com uma reatualização de conhecimentos para atuar como agentes de transformação nesta América Latina de 1967". [39]

Herman Kruse, na mesma ocasião, dizia: "Justamente aqui, no interior de uma pluralidade de instrumentos, destaca-se o Desenvolvimento de Comunidade, apto para acelerar a transformação e o desenvolvimento econômico e social".[40] Dadas as afinidades entre os dois profissionais, podemos supor que, mencionando "transformação" e "agentes de transformação", ambos se moviam ainda no interior da proposta desenvolvimentista. Todavia, junto a esta compreensão comparecia o apelo à reatualização de conhecimentos que, por sua vez, poderia identificar-se como expressão dos primeiros convites ao que posteriormente se conheceria como Reconceptualização no Serviço Social.

O alargamento das bases estudantis do Serviço Social, com a conseqüente democratização do ensino superior, também contribuiu significativamente para que os discentes lutassem por uma maior participação na definição das orientações centrais da sua formação.

A mobilização daí derivada, como bem o sabemos, não era exclusiva do Serviço Social — ao contrário, era parte integrante de uma dinâmica estudantil de grande envergadura, marcada fortemente por um compromisso deste setor com a causa do movimento popular. Daí que o questionamento profissional estivesse estreitamente vinculado aos traços políticos principais dos países latino-americanos.

Reconheceu-se também amplamente o papel que, neste processo, coube à ciência social, posto que a chamada Reconceptualização pode ser compreendida como o processo através do qual o Serviço Social fez sua a conceptualização das ciências sociais, embora — está claro — de modo pouco sistemático (o que conduziu a não poucos equívocos).

Estes são alguns dos vários fatores que determinaram a emergência do processo denominado de Reconceptualização do Serviço Social. Já que escapa à nossa intenção debater o tema, remetemos o leitor aos numerosos trabalhos — muitos deles valiosos — produzidos nos últimos anos e especificamente dedicados ao assunto.

---

39. Kisnerman, Natalio. Palabras de Despedida, in: *Anales del Tercer Seminario Regional Latinoamericano de Servicio Social,* p. 171.
40. Kruse, Herman. Cambio Social y Desarrollo de la Comunidad, in: *Anales...,* op. cit., p. 137.

BIBLIOGRAFIA

AGUIAR MACEDO, Myrtes. *Reconceituação do Serviço Social.* São Paulo, Cortez 1981.

ALAYÓN, Norberto. *Hacia la Historia del Trabajo Social en la Argentina.* Lima, CELATS, Serie Cuadernos, 1980.

AMMANN, Safira. *Ideologia do Desenvolvimento de Comunidade no Brasil.* São Paulo, Cortez, 1980.

Anales de la XII Conferencia Internacional de Serviço Social. Planificación para el Progreso Social. Atenas, 1964. Lima, Studium, 1971.

Anales del Primer Congreso de Servicio Social. Lima, 1948.

ANDER EGG, Ezequiel. *Del Ajuste a la Transformación: Apuntes para una Historia del Trabajo Social.* Buenos Aires. Ecro, 1975.

_____. *El Trabajo Social como Acción Libertadora.* Buenos Aires, Ecro, 1976.

_____. *Metodología y Práctica del Desarrollo de la Comunidad.* Buenos Aires, Humanitas, 1977.

_____. *Problemática del Desarrollo de la Comunidad através de los Documentos de NN.UU.* Caracas, Fondo Editorial Común, 1970.

ANDER EGG, Ezequiel e KRUSE, Herman. *El Servicio Social: Del Paternalismo a la Conciencia de Cambio.* Congresos Panamericanos de Servicio Social. Montevideo, Guillaumet, 1970.

ARANEDA A., Luis. La Asociación Latinoamericana de Escuelas de Servicio Social en sus Nueve Años de Vida. *Cuadernos Trabajo Social, Proyecto de Trabajo Social,* Série ISI, 1974. Mimeortografado.

BAMBIRRA, Vania. Capitalismo Dependiente Latinoamericano. *Cuadernos Ceso* n. 16. Santiago de Chile, 1973.

_____ & SANTOS, Theotonio dos. Brasil: Nacionalismo. Populismo. Ditadura. 50 Años de Crisis Social. In: *América Latina: Historia de Medio Siglo*. México, Siglo XXI, 1979.

BAPTISTA, Myriam Veras. *Desenvolvimento de Comunidade*. São Paulo, Cortez & Moraes, 1978.

BARREIX, Juan. Historia del Servicio Social. Esquema Dialéctico para su Elaboración e Interpretación. In: *Hoy en el Trabajo Social*, nº 19-20, Buenos Aires, Ecro.

BIERRENBACH, Maria Ignes. *Política e Planejamento Social. Brasil. 1956-1978*. São Paulo, Cortez, 1981.

BONFIGLIO, Giovanni. *Trabajo Social y Desarrollo de la Comunidad. Ensayo y Bibliografía*. Lima, CELATS, 1982.

CARAVEDO, Baltazar. *Burguesía e Industria en el Perú, 1933-1945*. Lima, Instituto de Estudios Peruanos, 1976.

_____. Clases, *Lucha Política y Gobierno en el Perú*, 1919-1930. Lima, Retama. 1977.

CARDOSO, Fernando Henrique e FALETTO, Enzo. *Dependencia y Desarrollo en América Latina*. 2. ed. México, Siglo XXI, 1970.

CARDOSO, Miriam. *La Ideología Dominante*. 1. ed. México, Siglo XXI, 1975.

CASALET, Mónica. *Alternativas Metodológicas en Trabajo Social*. Buenos Aires, Humanitas, 1974.

CASTILLO RIOS, Carlos. *Medicina y Capitalismo. Proceso a la Medicina Liberal*. Lima, Realidad Nacional, 1979.

Centro Brasileiro de Cooperação e Intercâmbio de Serviço Social. Documento de Teresópolis: Metodologia do Serviço Social. In: *Debates Sociais* nº 4. Rio de Janeiro, 1974.

CIRIA, Alberto. *América Latina. Contribuciones al Estudio de su Crisis*. Caracas, Monte Avila, 1968.

CORNELY, Seno. *Serviço Social, Planejamento e Participação Comunitária*. São Paulo. Cortez & Moraes, 1976.

CORRIGAN, Paul e LEONARD, Peter. *Prática do Serviço Social no Capitalismo. Uma Abordagem Marxista*. Rio de Janeiro, Zahar, 1979.

COTLER, Julio. *Clases, Estado y Nación en el Perú*. Lima, Instituto de Estudos Peruanos, Serie Perú Problema, nº 17, março de 1978.

_____. La Crisis Política. 1930-1968. In: *Nueva Historia General del Perú*. Lima, Mosca Azul, 1979.

CUEVA, Agustín. *El Desarrollo del Capitalismo en América Latina*. México, Siglo XXI, 1976.

DANTAS, José Lucena. A Teoria Metodológica do Serviço Social. Uma Abordagem Sistemática. In: *Debates Sociais* nº 5, CBCISS, Rio de Janeiro, 1976.

DIAZ, Luis e outros. *Servicio Social: Análisis Histórico e Interpretativo*. Tese do curso de Serviço Social, Universidad de Chile, 1972.

DI CARLO, Enrique. *El Trabajo Social: Teoría, Metodología, Investigación*. Buenos Aires, Ecro, 1976

DIERCKXSENS, Wim. *Capitalismo y Población*. San José (Costa Rica). Universitaria Centro Americana, 1979.

Escuela de Servicio Social Elvira Matte de Cruchaga. *Memoria. 1930-1940*. Santiago de Chile, Zig Zag, s.d.

FALEIROS, Vicente de P. *A Política Social do Estado Capitalista*. São Paulo, Cortez, 1980.

_____. *Metodologia e Ideologia do Trabalho Social*. São Paulo, Cortez 1981.

_____. *Trabajo Social: Ideología y Método*. Buenos Aires. Ecro, 1972.

FERNANDEZ, Arturo. Análisis de las Ideologías y Formación del Trabajador Social. In: *Acción Crítica*. Lima, julho de 1980.

FERNANDEZ, Florestan. *A Revolução Burguesa no Brasil*. Rio de Janeiro, Zahar, 1976.

FURTADO, Celso. *Desarrollo y Subdesarrollo*. 8. ed. Buenos Aires, Eudeba 1972.

_____. *La Economía Latinoamericana. Formación Histórica y Problemas Contemporáneos*. 10. ed. México, Siglo XXI, 1977.

GERMANI, Gino e outros. *Populismo y Contradicciones de Clase en Latinoamérica*. México, Era, 1973.

GRAMSCI, Antonio. *Antología*. México, Siglo XXI, 1969.

GRAZZIOSI, Laura. *Códigos de Ética del Servicio Social*. Buenos Aires, Humanitas, 1978.

GUNDER FRANK, Andre. *Capitalismo y Subdesarrollo en América Latina*. Buenos Aires, Siglos, 1970.

HALPERIN D., Tulio. *Historia Contemporánea de América Latina*. Madrid, Alianza, 1970.

HINKELAMMERT, Franz. *Dialéctica del Desarrollo Desigual*. Buenos Aires, Amorrortu, 1970.

IAMAMOTO, Marilda e CARVALHO, Raul. *Relações Sociais e Serviço Social no Brasil*. São Paulo, Cortez/CELATS, 1981.

_____ e MANRIQUE, Manuel. Hacia el Estudio de la Historia del Trabajo Social en América Latina. In: *Acción Crítica*, nº 5, Lima, 1979.

IANNI, Octavio. *O Colapso do Populismo no Brasil*. Rio de Janeiro, Civilização Brasileira, 1975.

_____. *Sociologia da Sociologia Latino-Americana*. 2. ed. Rio de Janeiro, Civilização Brasileira, 1976.

KISNERMANN, Natalio. Palabras de Despedida. In: *Anales del Tercer Seminario Regional Latinoamericano de Servicio Social*. Buenos Aires, Ecro, 1968.

_____. *Servicio Social Pueblo*. Buenos Aires, Humanitas, 1970.

KLAREN, Peter. *Formación de las Haciendas Azucareras y Orígenes del APRA*. 2. ed. Lima, Instituto de Estudios Peruanos.

KOWARICK, Lucio. *Capitalismo e Marginalidade na América Latina.* 2. ed. Rio de Janeiro, Paz e Terra, 1972.

_____. Proceso de Desarrollo del Estado en América Latina y Políticas Sociales. In: *Acción Crítica* nº 5, Lima, 1979.

KRUSE, Herman. Cambio Social y Desarrollo de la Comunidad. In: *Anales del Tercer Seminario Regional Latinoamericano de Servicio Social.* Buenos Aires, Ecro, 1968.

_____. *Filosofía del Siglo XX y Servicio Social.* Buenos Aires, Ecro, 1970.

_____. *Introducción a la Teoría Científica del Servicio Social.* Série ISI, Buenos Aires, Ecro, 1976.

_____. Nuevos Enfoques en cuanto a Técnicas y Formas de Intervención. In: *Selecciones de Servicio Social* nº 30, Buenos Aires, 1976.

LAURIN-FRENETTE, Nicole. *Las Teorías Funcionalistas de las Ciencias Sociales. Sociología e Ideología Burguesas.* Madrid, Siglo XXI, 1976.

LIMA, Boris A. *Epistemología del Trabajo Social.* Buenos Aires, Humanitas, 1976.

LIMA, Leila e RODRIGUEZ, Roberto. Metodologismo: Estallido de una Época. In: *Acción Crítica* nº 2, Lima, 1977.

MAGUIÑA, Alejandrino. *Desarrollo Capitalista y Trabajo Social: Peru, 1896-1979.* Lima. CELATS, 1979.

_____. Trabajo Social: Servicio o Actividad Productiva? In: *Acción Crítica* nº 3, Lima, 1977.

MARIÁTEGUI, José Carlos. *Ideología y Política.* Lima, Minerva, 1969.

_____. *7 Ensayos de Interpretación de la Realidad Peruana.* Lima, Minerva, 1969.

MARINI, Ruy M. *Subdesarrollo y Revolución.* 4. ed. México, Siglo XXI, 1972.

MARTINS, José S. *Sobre o Modo Capitalista de Pensar.* São Paulo, Hucitec, 1978.

MARX, Carlos. *El Capital. Crítica de la Economía Política.* Livro I, Buenos Aires, Cartago, 1973.

_____. *El Capital.* Livro I, Capítulo VI, inédito. Buenos Aires, Siglo XXI, 1973.

_____. *Introducción General a la Crítica de la Economía Política (1857).* Cuadernos de Pasado y Presente. 14. ed. México, 1980.

MEMORIA del VI Congreso Panamericano de Servicio Social. Caracas, Argoman, 1970.

MILLS, C. Wright. *La Imaginación Sociológica.* México, Fondo de Cultura Económica, 1975.

MOJICA, Juan. Processo Histórico y Trabajo Social en América Latina. In: *Acción Crítica,* nº 2. Lima, 1977.

MYRDAL, Gunnar. *Teoría Económica y Regiones Subdesarrolladas.* 2. ed. México, Fondo de Cultura Económica, 1964.

NETTO, José Paulo. A Crítica Conservadora à Reconceptualização. In: *Serviço Social e Sociedade* nº 5, São Paulo, Cortez, 1981.

PALMA, Diego. *La Reconceptualización: Una Búsqueda en América Latina.* Série CELATS, Buenos Aires, Ecro, 1976.

PARAISO, Virginia. El Servicio Social en América Latina: Sus Funciones y sus Relaciones con el Desarrollo. In: *Boletín Económico de América Latina.* Organización de las Naciones Unidas, vol. XIII, novembro de 1968

PARODI, Jorge. El Significado del Trabajo Social en el Capitalismo y la Reconceptualización. In: *Acción Critica* nº 4. Lima, 1978.

PEREIRA, Luiz. *Ensaios de Sociologia do Desenvolvimento.* São Paulo, Pioneira, 1978.

PORTELLI, Hugues. *Gramsci y el Bloque Histórico.* 3. ed. México, Siglo XXI, 1976.

PORZECANSKI, Teresa. *La Formación Profesional de Trabajadores Sociales en América Latina.* Cuadernos de Trabajo Social, Proyecto de Trabajo Social, Série C, ISI. Lima, 1975 (mimeografado).

POULANTZAS, Nicos. *Clases Sociales y Poder Político en el Estado Capitalista.* México, Siglo XXI, 1969.

_____. *Hegemonía y Dominación en el Estado Moderno.* Cuadernos de Pasado y Presente. Buenos Aires, 1975.

Quadragesimo Anno. Encíclica del Papa Pío XI. Lima, Paulinas, 1977.

QUIJANO, Aníbal. *Imperialismo, Clases Sociales y Estado en el Perú 1890-1930.* Lima, Mosca Azul, 1978.

_____. *Imperialismo y "Marginalidad" en América Latina.* Lima, Mosca Azul, 1977.

QUIROZ, Teresa. Análisis Crítico de los Métodos Tradicionales del Servicio Social y el Movimiento de Reconceptualización en América Latina. In: *Avances de Investigación* nº 7. Instituto de Investigaciones Sociales, Facultad de Ciencias Sociales, Universidad de Costa Rica, 1976.

Rerum Novarum. Encíclica del Papa León XIII. Lima, Paulinas, 1977.

ROCHABRUN, Guillermo. Hay una Metodología Marxista? a partir de la 1ª Sección de "El Capital". In: *Debates en Sociología* nº 1. Universidad Católica del Perú, Lima,1977.

RODRIGUEZ, César. *Análisis Conceptual del Desarrollo de la Comunidad.* Buenos Aires, Ecro, 1968.

RODRIGUES, Luz. El Papel del Trabajador Social ante la Situación Poblacional de América Latina. In: *Selecciones del Servicio Social* nº 13. Buenos Aires, 1971.

RODRIGUEZ, Roberto e TESCH, Walter. *Organizaciones Profesionales del Trabajo Social en América Latina.* Lima, CELATS, 1978.

ROSTOW, Walt W. *Las Etapas del Crecimiento Económico,* 4ª ed. México, Fondo de Cultura Económica, 1967.

SOLIS, Elisa e outros. Desarrollo Histórico del Servicio Social en Chile. In: separata da *Revista de Trabajo Social,* ano III, nº 6, Santiago, julho de 1977.

SWARTZ, Meyer. Organización de la Comunidad. Extraído da *Enciclopedia del Social Work, Sucessora do Social Work Yearbook,* vol. 15, 1965. In: *Desenvolvimento de Comunidade,* suplemento nº 1 de Debates Sociais. Rio de Janeiro, 1968.

UNITED NATIONS. *The Economic Development of Latin América in the Post Ward Period.* New York, 1964.

UTRIA, Rubén. *Desarrollo Nacional, Participación Popular y Desarrollo de la Comunidad en América Latina.* México, Crefal, 1969.

_____. Tendencias de los Programas en América Latina. In: *Desarrollo de la Comunidad en América Latina.* México, Crefal, 1969.

VASCONCELOS, José. *Bolivarismo y Monroismo. Temas Americanos.* 2. ed. Santiago, Ercilla, 1935.

VIEIRA, Balbina O. *História do Serviço Social.* Rio de Janeiro, Agir, 1977.

VILAS, Carlos M. Política Social, Trabajo Social y la Cuestión del Estado. In: *Acción Crítica* nº 6, Lima, 1979.

VILLANUEVA, Víctor. *El Militarismo en el Perú.* Lima, 1962.

WARE, Caroline. *Estudio de la Comunidad.* Buenos Aires, Humanitas, 1964.